教孩子学
不如陪孩子玩

释放天性的48个亲子创意游戏

王洋 著

图书在版编目(CIP)数据

教孩子学不如陪孩子玩/王洋著.—北京：北京大学出版社，2011.10

ISBN 978-7-301-16630-7

Ⅰ.教… Ⅱ.王… Ⅲ.游戏课—家庭教育 Ⅳ.G613.7

中国版本图书馆CIP数据核字（2011）第183254号

书　　　名：教孩子学不如陪孩子玩
著作责任者：王　洋 著
责 任 编 辑：冯广翔
标 准 书 号：ISBN 978-7-301-16630-7/G·3214
出 版 发 行：北京大学出版社
地　　　址：北京市海淀区成府路205号　100871
网　　　址：http://www.pup.cn
电　　　话：邮购部 62752015　　发行部 62750672
　　　　　　编辑部 82893506　　出版部 62754962
电 子 邮 箱：tbcbooks@vip.163.com
印 刷 者：北京嘉业印刷厂
经 销 者：新华书店
　　　　　　787毫米×1092毫米　16开本　13.0印张　150千字
　　　　　　2011年10月第1版第1次印刷
定　　　价：32.00元

未经许可，不得以任何方式复制或抄袭本书之部分或全部内容。
版权所有，侵权必究
举报电话：010-62752024　　电子邮箱：fd@pup.pku.edu.cn

前言

　　孩子的想象力和创造力就像空气之于人类的生命一样，它们很重要，但在日常生活中却又不为我们所觉察。游戏是最适合孩子的语言，陪孩子玩，用游戏与孩子对话，让孩子参与到艺术和创意的探索中，激发出孩子最宝贵的创造力，寓教育于无形。本书中的新创意游戏不仅能帮父母更好地传递爱和期许，与孩子进行深度沟通，更能让孩子的潜能得到开发，激发孩子的探索欲，引导孩子建立人生最初的审美观，让亲子相处的时间更有意义，为孩子未来的人生打下良好基础。

　　书中介绍的游戏都是经过无数课堂的锤炼和验证的，我曾与上千名小朋友一起做这些游戏，孩子对这些游戏的喜爱远远超出我们这些成年人的想象。游戏活动按照月份分为12章，每一章以一本经典绘本为主题，每个主题下分为4个游戏，即在一年里每周都可以玩一个有趣的创意游戏。这样的编排，并不是刻板地要求父母一定要按着时间表按部就班地完成"作业"，只是为了提醒家长，教育是一个缓慢的过程，应该每月、每周、每天都去关注孩子，陪伴孩子。家长可根据孩子的情况灵活安排这些游戏的顺序，每个游戏后还附有引申玩法和深层的教育意义，相信家长在认真实践后也能慢慢感受到孩子无与伦比的创造性。

　　在和孩子们的接触中，我深刻地感觉到，不是我在教给孩子们什么，而是孩子们在教我。孩子们在艺术活动中表现出的想象力和创造力，常常让我感动——

宝儿每次画画都会精心调制她最爱的粉色，"红＋白＋耐心＝粉色"的过程让我看到了这个女孩的从容自信；

Annie画的公主总是那么独特而美丽，每个公主的裙子样式和花纹绝不雷同，审美和设计的理念就是这样萌芽的；

Selina仅用彩沙就能创作出很有韵律饱含不同感情的线条；

隆隆用橡皮泥捏成恐龙，排练他看过的宫西达也的恐龙剧；

皓皓在玩"野兽画"时会兴奋地大叫，说要把我吃掉，他对野兽的恐惧在游戏中转化为勇敢和快乐；

甜甜痴迷于海星，她画的各式各样的海星让我想起了安迪·沃霍尔的波普作品；

盈盈的画很有表现力，滑冰时的速度、舞蹈时的节奏都可以在她的画中感受到；

胡椒的画永远与车有关，他给我画的信里讲述了Frank和大卡车的故事；

派派热衷于为他喜欢的奥特曼设计各种各样的动作；

……

其实，早期艺术教育的本质目的是让孩子在成长过程中能够更好地认识自我，认识事物的本质，只有这样，孩子在这个世界的存在才是清醒而幸福的。艺术教育并非要将每个孩子都培养成艺术家，但通过丰富多彩的早期艺术活动，每个孩子都能学会如何创造性、艺术性地解决问题，都能在艺术实践中更好地挖掘自我以及世界的本质。

赶快与孩子一起开始创意之旅吧！

目录

 《野兽出没的地方》

第一周 /2
锋利的爪子画——看看谁是最厉害的野兽

第二周 /6
野兽的魔法骰子——猜猜下一次是什么颜色

第三周 /10
低音炮与面粉、色素的舞蹈——野兽的"闹腾"舞蹈

第四周 /14
经典纸箱游戏——野兽的家是什么样的

 《一本关于颜色的黑书》

第一周 /20
牙签扎画——用手触摸的画作

第二周 /24
白色蜡笔画——我们创造一封魔法的秘密书信吧

第三周 /27
影子画——装饰你的影子并探索各种事物的轮廓

第四周 /31
暗箱画画——看不见的手在纸箱里画画

《我不知道我是谁》

第一周 /36
给镜子里的自己画像——我是什么样子的

第二周 /40
制作自己的面具——有好多张脸孔的我

第三周 /43
为物品着色——我喜欢吃树皮还是松果

第四周 /46
冰块作画——彩色的冰激凌

《蚯蚓的日记》

第一周 /52
用土埋起来的画——蚯蚓蚯蚓,你在哪里

第二周 /56
皮筋画——不好啦,蚯蚓也要跳芭蕾舞啦

第三周 /59
纸筒摇画——蚯蚓的好朋友是彩色蚂蚁们

第四周 /62
树皮贴画——蚯蚓登土堆山,小蚂蚁登树皮山

目录

5月 《玛德琳卡的狗》

第一周 /68
面塑与橡皮泥——各种形状的小狗饼干啊，快来尝尝

第二周 /72
着色射箭的游戏——带着小狗一起去打猎吧

第三周 /75
气味拼贴画——你能闻出这幅画是用什么画的吗

第四周 /78
自制手偶——每个人心中都有一个属于自己的最美玩偶

6月 《我等待……》

第一周 /84
落线画——我要参加一场什么样的舞会，谁是我的舞伴呢

第二周 /88
陀螺旋转画——旋转吧，第二支舞曲开始了

第三周 /92
流淌画与叶脉树枝画——彩色线条流淌出的舞蹈

第四周 /95
多彩保龄球瓶画——没有输赢的比赛，每个人都有自己的精彩

7月 《小黑鱼》

第一周　/100
玻璃摩擦拓印画——小鱼的家在海里，每天它不用洗澡

第二周　/104
气球瓷砖画——小鱼的好朋友是贝壳

第三周　/108
大盒子滚珠画——小鱼游过的轨迹是什么样的

第四周　/111
喷壶与揭印画——让我们来看看海里的小鱼是什么样的

8月 《失落的一角》

第一周　/118
剪纸画——制造失落的一角并把它们都送回家吧

第二周　/122
雨滴彩粉画——失落的一角在旅行中所见到的彩色雨

第三周　/125
综合材料拼贴画——不同颜色的失落的角们聚在一起会组合成什么呢

第四周　/129
折叠纸扎染画——你是住在哪里的失落的一角

目录

《鳄鱼怕怕 牙医怕怕》

第一周　/134
牙刷画——这么多黑黑的牙齿该怎么办呢

第二周　/138
蛋壳着色及拼贴画——看看没有保护好的脆弱的牙齿

第三周　/142
眼药水滴画——生病了就要去看医生

第四周　/146
自由落体画——医生，我有恐高症

《我爸爸》&《我妈妈》

第一周　/152
服装雨衣涂抹画——爸爸妈妈成了我们的模特啦

第二周　/155
干湿粉笔画——爸爸的爱和妈妈的爱有什么不同吗

第三周　/158
彩色纸筒剥画——将爱一层一层缠绕起来吧

第四周　/161
磁铁的魔术画——看不见，却真实存在的爱

11月 《大卫，不可以》

第一周　/166
萝卜印章及土豆泥雕塑——大卫，不可以玩吃的

第二周　/170
水面滴蜡画——大卫，不可以玩火

第三周　/174
吸色画——大卫，快把颜色吸干净

第四周　/177
填塞稻草人——找一个稻草人看管大卫吧

12月 《轱辘轱辘转》

第一周　/182
车轮印画——嘀！嘀！嘀！汽车来啦

第二周　/186
脚印鞋印画——读万卷书，行万里路

第三周　/189
彩色泡泡画——坐彩色热气球去旅行吧

第四周　/192
吸管吹画——我们把船帆吹起来就可以去航海了

《野兽出没的地方》

当深刻地体验过害怕的感觉,宝宝就不再害怕了!"闹腾"的力量也是创造力的一种体现,我们只需要将其引向积极与创造的方向。

1月

第一周 锋利的爪子画
看看谁是最厉害的野兽

★ **所需用具**

黏性好的胶带，不同颜色的油画棒（要足够长），大白纸或家里专门为宝宝开辟的可以随意涂抹的艺术墙面。

7月 《野兽出没的地方》

创作过程

① 跟孩子一起挑选喜欢的爪子的颜色和长短——即不同颜色、长短各异的油画棒。

② 以合作或自助（视孩子的年龄及能力而定）的方式将"彩色爪子"用胶带绑在手指上。

③ 用绑上画笔的手模仿爪子，在白纸上"抓画"。

越玩越出色

万事俱备，开始跟孩子一起开始"野兽闹腾时间"吧！看谁抓出的爪印最吓人、最漂亮？这个过程是建立亲密关系的绝佳机会，这时可以跟孩子聊聊：

- 野兽怎么喝水？怎么拿水杯？
- 小野兽怎样帮爸爸妈妈挠痒痒？
- 小野兽高兴的时候爪子是什么颜色？不开心的时候呢？
- 小野兽梳头发用梳子吗？
- 小野兽怎样鼓掌？

……

爪子可能会因为粘得不够结实而掉下来，或者是用爪子挠纸的过程中因为用力过猛而导致油画棒断掉。这时家长可以问问孩子："野兽受伤了怎么办？""谁给小野兽剪指甲？"

爪子画的创作过程中，家长们一定要积极配合，带领孩子模仿野兽的叫声，让孩子体会到他们所精心扮演的野兽真的很吓人。这样，孩子会把自己平常积累下的恐惧情绪以非常自然而巧妙的方式释放出来，从而变得更加勇敢和坚韧。

Frank 老师的贴心话

孩子的换位思考能力会在这个艺术活动中得到很好的锻炼，因为孩子既害怕野兽，同时又要自己扮演成野兽，这个小小的冲突会带给孩子非常深刻的体验——既害怕，又想尝试。这种感觉很像孩子都喜欢的游戏"举高高"所达到的效果。这是一种温和的挑战，非常有助于孩子核心品质的发展，即如何面对恐惧、如何换位思考等。经过这样的游戏后，孩子既能在无形中让自己变得更加勇敢，也增加了对世界的信任感。

让孩子说出自己扮演的野兽的爪子有多吓人，这除了能锻炼想象力以外，还锻炼了表达能力。当孩子尝试和周围的人描述自己的"野兽爪子"有多吓人、多厉害的时候，正是在尝试充分地表达自己，这同时也提升了孩子的社交感。在此过程中，孩子的想象力将充分被调动起来，他们要把生活中所积累的一切关于野兽或者恐惧的东西全部调动出来，这样才能满意地完成自己关于野兽的构思，而此过程非常有助于孩子释放自己内心深处的恐惧，

1月 《野兽出没的地方》

家长也可以借此知道什么是孩子内心中最害怕的东西。而这个信息非常重要，家长和老师可以据此设计很多活动，趋利避害，让孩子获得更多安全感。

在挑选爪子的时候，孩子要决定所选爪子的长短、颜色搭配等，挑选的过程，也是孩子自己做决定，并对自己的决定负责任的过程。孩子的独立意识和探索精神在潜移默化中得到提升。

挑选完成后，孩子还要自己动手，或是与他人合作，来把这些长短不一、颜色各异的爪子绑到自己的手指上。这又是锻炼孩子手眼协调能力的绝好时机，为了绑得牢固，孩子要不断思考，不断动手调整和实践，直到用起来得心应手。在这个过程中，孩子的耐心、专注力以及抗挫折能力都得到了发展。

当孩子高高兴兴，甚至疯狂地模仿野兽在画纸上抓来抓去的时候，会看到自己在画纸上留下的一道道不同颜色、不同轻重的线条，此过程会激发孩子的观察力和实践精神——他们会从无意识的乱抓慢慢地变成有意识地控制自己的力度、速度以及下手的方位，以便形成符合自己期望的痕迹，甚至有的孩子会用某一个手指头画些具体的东西，比如给野兽画点吃的。这种从无意识到有意识的过程，就是学习和探索的过程，如果孩子在早期艺术活动的探索中能够培养出这种能力，那么日后在读书或者生活中遇到问题的时候，便可以用相同的能力来很好地解决。这也就是我们所说的核心品质的发展。通过艺术活动，我们在为孩子未来可能遇到的问题做一番预演。

第二周 野兽的魔法骰子
猜猜下一次是什么颜色

★ **所需用具**

纸盒（或者小木块），颜料，画笔，画纸。

1月 《野兽出没的地方》

创作过程

① 用纸盒或者刷了颜色的小木块做成骰子。
② 向孩子解释游戏规则，父母演示投掷骰子，看什么颜色朝上，就用这种颜色在纸上涂画。
③ 让孩子理解游戏规则，然后轮流投掷骰子、涂画。

越玩越出色

做骰子的时候，你还可以尝试，黄色一面用香蕉的图片代替，红色用苹果代替，蓝色用蓝莓代替……或者让孩子自己设计骰子。引导孩子尝试把骰子高高抛起，看看与一般的掷法有什么不一样。

另外，明确规则时需要注意的是，如果孩子掷到红色，却想要黄色，这时候就要告诉孩子：

● 现在红色朝上，所以你只能用红色来画，爸爸妈妈也都是这样做的。不过没关系，下次你可以争取掷到你喜欢的黄色，爸爸妈妈会为你加油的！

● 唉，怎么掷的不是我喜欢的，只好等到下次了。

总之，尽量不要迁就孩子破坏核心规则。

也可能孩子好多次都掷到自己不喜欢的颜色，这在孩子看来就会成为一件好玩的事情，所以家长也不必过于担心孩子执拗于喜欢的颜色。

还有的时候，孩子掷了很多次之后，为了得到自己喜欢的颜色，会耍一些小小的"诡计"，比如让自己喜欢的颜色那一面朝上，不掷骰子，而是低低地、轻轻地把骰子扔到地上，这是值得鼓励的，因为孩子很投入地寻找解决方法，而且并没有破坏规则。

可以进一步将游戏变成给野兽涂抹颜色，各个部位的颜色由骰子掷出的颜色决定。

Frank 老师的贴心话

这个关于颜色的游戏中，我们加入了随机的因素，即孩子使用的颜色是由自己掷出的骰子所决定的，而非出自自己的意愿。这培养了孩子的耐心，也让孩子学会接受生活中某些不完美的事件。而且，为了游戏更有趣地进行，孩子也必须学会如何遵守游戏规则。

孩子掷骰子决定的颜色都是随机的，这也更加挑战了孩子的创造性——如何把计划之外的颜色与前面的颜色很好地搭配，如何容忍别人对自己图画的改动和影响。最后的局面便是，孩子为了更好地创造一幅满意的合作作品，要不断地进行沟通和尝试，甚至会产生一定的矛盾冲突，并达成和解与忍让，这既能够锻炼孩子的社交能力，也是解决孩子以自己为中心的问题的有效方法。

在游戏中，孩子会很认真地祈祷，甚至会念咒语，希望能够

1月 《野兽出没的地方》

掷出自己希望得到的颜色，若如愿，孩子便会非常兴奋；即使不是自己喜欢的颜色，也会因投掷这个动作而很开心，并且坦然接受这个事实，然后积极准备下一次投掷。该过程实际上是在培养孩子内心积极的力量——遇到暂时的困难要学会容忍，同时为下一次的机会做好准备。

第三周　低音炮与面粉、色素的舞蹈

野兽的"闹腾"舞蹈

 **所需用具**

有重低音的音响，塑料薄膜，面粉，水，色素，声音文件。

7月 《野兽出没的地方》

创作过程

① 水平摆放好音响，保证重低音的口朝上，在上面铺好塑料薄膜。
② 用音响播放自己录制的"野兽"叫声或者其他选好的音乐。
③ 在面粉或者面团中添加色素，之后放到振动的塑料薄膜上，在此过程中，可以随时添加色素。

音响的低音炮上面铺好结实的塑料布，然后将声音打开，看着面团在上面尽情地舞蹈吧。音响里播放的声音文件可以是动感的音乐，可以是不同风格的音乐，也可以是自己录制的音频，比如录下的自己模仿野兽的声音。这样，就更增加了模拟真实的效果。

如果让孩子来控制声音的播放和暂停或者音量的大小，孩子会最直观地看到自己的操作对面团舞蹈的影响。

舞蹈派对开始了，看看谁是今天的舞王！

你可以跟孩子一起模仿面团的"舞蹈"，比比看谁更像！

这个游戏的另外一种玩法是，跟孩子一起把小熊饼干放在低音炮的塑料薄膜上，播放节奏感较强的音乐，尝试叼住被音乐震动得跳起的饼干。也许这是前所未有的你跟孩子一起吃饼干的经历！还可以把面团换成其他的小玩意儿，比如妈妈的口红、爸爸的笔、宝宝的小玩具之类的，看看它们都怎样跳舞。还可以让孩子把手放在

音响上，用手指跟着震动的节奏，模仿小人跳舞，这个动作可以由爸爸妈妈先来示范。

Frank 老师的贴心话

　　说到艺术，就不能不说艺术活动对启发孩子早期审美意识的重要性。古希腊语中，审美（aesthetic）的意思便是各种感官的开发和感知。培养孩子的审美能力，就要帮助孩子以各种方式去感知和探索这个美丽的世界，除了我们经常着重强调的视觉以外，还应包括听觉、嗅觉、触觉、味觉等敏感性的培养。这个活动便是把我们可视化的艺术活动与声音结合起来。

　　在面团无规则却有韵律的跳舞过程中，孩子也会不自觉地随之舞动，视觉和听觉得到了非常完美的结合，孩子会看着不断变化的面团而浮想联翩——想到的可能是野兽的闹腾舞蹈，也可能是大象在甩鼻子，还可能是猴子们在抢香蕉，抑或是交通阻塞时焦急等待的汽车，甚至是自己喜欢的动画片里的某个人物。总之，孩子会把头脑中已经存有的相关印象与感觉全都调动出来，与眼前的面团跳舞结合起来，产生更加有趣的想法和经验。

　　同时，这个游戏也能让孩子的动手能力得到很好的锻炼。首先，做面团的过程是孩子都很喜欢的极具探索性质的动手活动。放多少面粉，再加多少水，整个过程最好都要孩子自己来斟酌和动手，这为孩子提供了难得的自己动手解决问题的机会，也锻炼了孩子预测问题、解决问题的能力。

当然了，探索才刚刚开始。白色的面团有些单调，于是孩子会想着进一步进行装饰，食用色素的装饰会让孩子进一步看到彩色面团的舞蹈，这就在原本的基础上进行了更加深入的探索，孩子会有更多的想法被唤起。

比如，孩子可能会用不同的颜色来代表不同的情感，变化不同的声音来控制面团跳舞的"动作"，或者再换上其他的东西看可不可以跳舞……这样一个持续不断的探索过程，让孩子学会了如何集中注意力，如何尝试在专注中进行试验和解决问题，如何在相类似的经验中进行知识的对比和迁移。

此艺术活动后，孩子再听到音响里面放出的音乐的时候，就和没有玩过这个活动的孩子有区别了，因为玩过该游戏的孩子再听到音乐时，就会想起"舞姿"不同的各种各样的面团，甚至联想到其他类似的舞蹈表演——跳舞的彩色小面团和野兽的"闹腾声"会为孩子打好一个扎实的发展想象力的基础。

第四周　经典纸箱游戏

野兽的家是什么样的

★ 所需用具

装电视机、洗衣机或冰箱的大纸箱，画笔，可用来装饰或粘贴的材料（如彩纸、广告纸、碎布等生活中可能废弃不用的东西）。

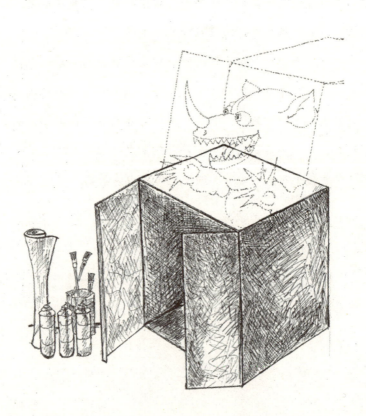

创作过程

① 尝试以各种方式来摆放大纸箱,最终让孩子自己决定一种摆法。

② 用手头所能利用上的所有材料来装饰这个大纸箱,或者顺着孩子的思路进行进一步的探索。

③ 变换纸箱的摆放方法,让孩子给自己帮忙,实现爸爸妈妈对纸箱的设想。

纸箱游戏是全世界小朋友都喜欢的游戏活动。活动简单到,你只需要把它摆在那里,孩子们就会自发地把它想象成各种各样的事物。他们可能热衷于藏到里面,然后盖上纸箱的盖子来制造在黑暗的纸箱里一种刺激的感觉;或者是把纸箱平放,坐到里面,把它当成去野兽王国的船。顺着孩子的思路,可以诞生非常精彩的艺术探索活动。

游戏中,如果家长们多问一些有启发性的问题,那么艺术活动的过程将变得非常有含金量。比如可以问问孩子:

- 野兽的家在哪里?离你的家有多远?
- 你要怎么去拜访野兽的家呢?坐车,乘船,还是坐飞机?
- 野兽的家里有什么好吃的?
- 野兽洗澡吗?

● 野兽睡觉的床是什么样子的？

● 野兽家的门和窗户都多大呢？

● 野兽家里面用不用电灯呢？

……

如果孩子把纸箱想象成野兽的家的话，可以问问孩子，哪里是野兽家的门窗？如果没有，能否创造出一个来？孩子在这个时候就受到了小小的挑战了，因为一般的纸箱只有一个开口处，所以如何开一扇窗户成了问题的焦点，有的孩子想用别的工具打开一个小洞，有的孩子会画一个虚拟的窗户。总之，孩子围绕着箱子转圈的过程，也是他们调动头脑中所有知识储备来更好地解决眼下问题的过程。

另外，如果孩子把纸箱当成船的话，我们可以让孩子尝试做一做船的旗帜，这又可以帮助孩子来体验符号世界的精彩。刚好学前的孩子处在"前书写"和"前绘画"阶段，需要有类似这样的识别并制造视觉图像的训练。通过这样一个活动，孩子会把自己的所有想法均表达在小小的旗帜设计中。而孩子在相互比较中又会产生新的想法，家长们可以进一步引导孩子观察每种旗帜的不同之处和背后所承载的含义。课程可以继续扩展为识别和接触认知世界各国的国旗，以及日常生活中我们每天都经常会见到的一些标志性的图示，比如汽车标志、交通指示牌、超市货架上的商品标志，等等。

1月 《野兽出没的地方》

Frank 老师的贴心话

有创造性的问题要比有创造性的回答更重要，这在科学界很适用——一个重要的发问可能会导致科学的新发现。教育孩子时也是这样，富有启发意义的问题对孩子的成长是十分有帮助的。

家长们平常要试着多多提出一些有创造性的问题，不要每次给孩子颜色的时候都只问一个问题："这是什么颜色啊？"或者更进一步功利地问一问："这种颜色用英语怎么说啊？"把本该很放松而且充满创意的创作过程变成了死板的知识问答。

提问题尽量贴近孩子的现实生活，这样才能够让孩子理解，让孩子在您的问题框架下继续深入思考，激发他们给出很有创意的答案来。比如关于家的问题里，就会出现很多孩子所熟知的信息——门窗、睡觉的床、电灯，等等。激发孩子从不同角度来观察日常生活中所熟知的事物，这都为孩子将来充分发挥创造力打好了基础。

Q&A 早期接触过艺术及绘画，对孩子的发展有什么好处？

首先，孩子的早期学习更多地在用体验式学习法，换句话说，孩子在早期体验的东西越多，未来发展的潜力就越大。而早期艺术和绘画活动，对于孩子来说又是非常直观的体验，孩子们的内心情感和审美经验会因此而得到滋养，而且这些早期的经验会深深地储存在孩子的潜意识里，在未来遇到与艺术相关的问题时，早期的经验就会发挥作用，成为创造力的最初源泉。

其次，孩子可以学会以全新的视角来观察和体验这个世界，进而找到表达自己感情和想法的新的方式。

再次，让孩子开动脑筋展开对图像的识别与理解，也是大脑对图示进行解码的过程，会在很大程度上激发孩子的创造力与想象力。文字和语言以及音乐和舞蹈也都是"解码"的过程，无非是各个不同领域用来解码的元素不同而已。所以，孩子如果能够从艺术和绘画入手，理解并学习驾驭整个过程的话，他们在其他方面也会触类旁通的。

最后，孩子会用艺术和绘画的方式来表达自己感情的变化。太小的孩子很难用语言把自己表达得非常清楚，但通过画画来讲述一个难过的故事的时候，大人们就会深入孩子们的内心，这样能为后面的教育做好铺垫。

《一本关于颜色的黑书》

黑色，也是那样的"多彩"和有创意，一本带给孩子各个感官体验的书，它激活了孩子对这个世界的体验范围及深度。

2月

第一周 牙签扎画

用手触摸的画作

★ 所需用具

牙签，海绵或布料，不同颜色的稍厚的卡纸。

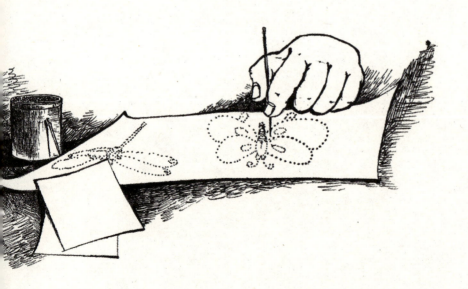

创作过程

① 将选择好的卡纸铺在海绵或布料上。
② 用牙签在表面上扎出一些小洞，制造出凹凸不平的画面。
③ 利用凹凸不平的小孔连接成线条以至某种图案，关灯后带孩子用手触摸感知画面。

越玩越出色

将画纸铺在海绵上之后，就可以放手让孩子来探索了。有的孩子首先会留意到牙签扎破纸并穿透过去时的声音，有的孩子会先注意扎出来的小洞洞，还有的孩子会去摸一摸扎过的地方是什么感觉，再翻过来摸一摸背面。无论怎样，这都是孩子自发探索的第一步，他们要先弄清楚手边的材料究竟能制造出怎样的画面效果，是不是可以被自己驾驭。

接着，孩子就要向第二个阶段进发了——渐渐掌握了创作的技巧后，他们要进一步结合自己的想法来表达有指示性、有内容的作品了。

这时候家长还要注意，不要过于急迫，追着孩子问："宝宝做的是什么啊？"因为很多时候孩子即使不说出来，内心也早已经构思好自己的作品了。家长可以作为旁观者来评价孩子的作品，比如说："妈妈觉得宝宝的作品好像是一只大恐龙，你看，这儿还有锋利的爪子呢。"这个时候，孩子可能会非常急切地做出反驳或者纠正，这样

就会把自己的想法很清晰地呈现出来了。

孩子也可能会顺着家长的意思把作品或故事继续下去，这又是考验家长的时候了，如何提出更加有创意的问题将在一定程度上决定孩子作品的丰富与否。比如，可以这样问宝宝：

- 恐龙的尾巴在哪里？
- 能不能给恐龙画点吃的啊？
- 恐龙坐的汽车应该是什么样子呢？

……

用这样的问题，把孩子熟悉的生活迁移到创作中来，孩子会提取出很多有价值的创作灵感的。在这种引导下，孩子在生活中的每时每刻都会深入和仔细地观察，以便吸取更多素材用于创作。

Frank 老师的贴心话

传统的教育方式中，我们过多地强调了在孩子视觉方面的培养，而忽略了对其他感官的发掘。而这个游戏带给孩子各个感官的体验，它激活了孩子对这个世界的体验范围及深度。

本书精心设计的艺术活动，其中一个目的就是让孩子和大人找到平等的一面。就画面的艺术效果而言，孩子或大人创作出来的作品会各具特色，没有哪个权威会规定某种玩法是一百分，而另外一种玩法是错误的。如果艺术活动能够达到这样的效果的话，那么孩子会更加专心于活动背后所表达的内容了，而不会惶恐于自己的作品做得是对还是错，是好还是坏。

创作过程中，有的孩子还会用牙签锋利的尖端将纸划开。无论孩子是如何想到这么做的，我们都应大加鼓励，因为这是孩子自主探索后找到的更进一步的表达途径。比如有的孩子是拿牙签当做真的笔在纸上划来划去，最后发现自己用了更大的力气后，竟然可以把纸割开，于是他们开始尝试在这条路上继续前进，开始了割纸之旅。还有的孩子是在扎了很多孔后，无意中将几个孔连接起来，发现了同样的割纸效果，于是进一步开始采取割纸的创作方式了。

无论怎样，家长需要注意的一点就是，如果游戏过程偏离了我们设计的方式，我们该如何随机应变，让孩子充分发挥自己的创造力，又不至于让游戏过程失去控制。孩子发挥创造力总是需要我们的鼓励的。从牙签扎画到牙签割画，这个游戏便顺理成章地延伸成割纸画，然后让孩子去尝试如何把割下来的纸创作成新的艺术品。

第二周 白色蜡笔画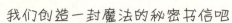

我们创造一封魔法的秘密书信吧

★ 所需用具

白色蜡笔或者白色蜡烛，白色的卡纸（稍厚一些的白纸），滚刷或稍粗的画笔，水彩颜料。

创作过程

① 可以准备两张白纸，一张白纸让孩子用白色蜡笔来随意涂抹，熟悉艺术材料的绘画效果，另一张白纸让孩子在前面的基础上有意识地写及涂画一些东西。

② 选择稍微深一点的水彩颜色，用滚刷或粗画笔将白纸均匀涂上颜色。

③ 观察画面呈现出的效果，引导孩子思考后，再继续重新开始涂画的过程。

越玩越出色

游戏过程中可以问问孩子：写一封秘密信件的话，会写给谁？会写一写最最开心的事情？还是最最难过的事情？

让孩子给他们最喜欢的动物写一封看不见的隐秘信件吧。

还可以问一问孩子，如果给爸爸或妈妈写一封隐形信，会在信里写点什么？孩子是不是从来没有给你写过信？那么让孩子去尝试一下，会从孩子的表达中读出孩子内心最珍贵的东西的。

如果白色的蜡笔还不够吸引人的话，我们还可以拿漂亮的生日蜡烛当做画笔，尤其是五颜六色的细细的生日蜡烛，一定会带给孩子不同的绘画体验的。当然了，别忘了为孩子准备好各种颜色的画纸，这样才能和不同颜色的蜡烛匹配起来，达到更好的画面效果。

家里面如果有装修剩下的白色瓷砖也可以用来当做画纸，瓷砖

的效果很独特，会引起孩子极大的兴趣，而且还可以反复擦洗。

Frank 老师的贴心话

我们的世界是看得见的，也是看不见的。我们的活动会在这个世界上留下怎样的痕迹？我们的动作在记忆中留下了怎样的痕迹？下面这个艺术活动会引导孩子回忆自己的动作，进而主动有意识地设计自己的动作，虽然画出来的线条是看不见的，但孩子的动作却留下了可视化的痕迹，经过涂色，他们会看到白色的画纸上那些有韵律的线条。于是，孩子可能进一步想控制画面效果，甚至尝试写一封秘密的信件。早期的涂抹经验对孩子以后学习书写或绘画非常有帮助。

家长还可以进一步引导孩子如何写一封秘密的信件。这也是让孩子学会表达自己内心的一种非常巧妙的方式，孩子借此可以表达很多抽象的感情，比如幸福和快乐的感觉，害羞或恐惧的情绪，抑或是尴尬和难过的心情等。如果孩子的感情能在这样的活动中得到释放，那么他们也就不会经常乱发脾气，让家长束手无策了。

在此基础上，可不可以试一试其他不同颜色的效果呢？于是，孩子在家长的鼓励下，很容易就会去挑战配色这项工作，什么颜色的画纸对应什么颜色的画笔，不知不觉间，颜色的概念也就轻易习得了。

2月 《一本关于颜色的黑书》。

第三周 影子画

装饰你的影子并探索各种事物的轮廓

★ 所需用具

足够大的白纸，颜料，画笔。

创作过程

① 选定想要描画的对象,让影子投射在纸上,描出影子的轮廓。
② 进一步用颜色装饰影子。
③ 在有影子的情况下,可以试一试将想要描画的事物放在纸上描出轮廓,再用颜色进行装饰。

"踩影子"应该是孩子最喜欢的游戏之一,那么在一个阳光很好的日子,带着孩子在大自然中尽情地奔跑欢笑,酣畅淋漓地玩一次踩影子游戏,然后在累了的时候,玩一次画影子的艺术活动,一动一静的玩法,让孩子的身心都能得到很好的训练。

- 大大的恐龙玩具的影子画出来是什么样呢?
- 小小的蜘蛛的影子能看到吗?
- 复杂的自行车的影子原来很简单呢。
- 红色的气球、黄色的香蕉、还有那张大白纸,为什么它们的影子都是黑色的呢?
- 手的影子可真灵活,一会可以扮演成大狗,一会可以扮演成小鸟,那就把画好的影子再添上几笔来画龙点睛吧!

鼓励孩子为不同的影子以不同的色彩装饰吧,可以问问孩子,世界上最大的影子是什么东西的影子?最小的影子呢?什么东西没

2月 《一本关于颜色的黑书》

有影子？或者世界上所有的东西都有影子吗？什么东西有圆圆的影子？苹果？皮球？方方的影子又是什么东西的呢……

Frank 老师的贴心话

　　艺术令我们学会从另一个角度看待事物，今天的艺术活动中我们要带着孩子一起探索影子及事物的轮廓。通常来讲，影子都是黑色或灰色的，只有一个轮廓，看起来也不好看，我们来装饰一下影子吧。第一项工作是找到要装饰的影子对象，我们就从装饰自己的影子开始吧。在此过程中，孩子知道了光和影的关系，而且他们还要设计自己的动作来创造出尽量符合自己意图的漂亮的影子动作来。这期间就又帮着孩子一起探索了身体动作的各种可能性，也拓展了孩子的想象空间。

　　第二步，孩子要寻求别人的帮助，这就增加了孩子的社交机会和语言表达能力，因为孩子必须跟替自己描影子的人沟通好，才能把自己的影子精彩地呈现出来。而且，为了能成功完成影子的描绘，孩子必须尽量保持自己静止不动，这种有意识控制自己身体的自控力训练是非常难得和重要的。从游戏的过程中，孩子会深刻领会到，要达到某种预想的目的，就必须付出相当的耐心和毅力，坚持到底。

　　影子轮廓画好后，孩子可以选择不同的颜色来装饰，大部分

孩子都在上色的过程中非常小心，不把颜色上到轮廓外面。这是孩子早期对边界和轮廓的非常形象和直接的认识。当然，也有的孩子反其道而行之，把影子轮廓外面涂满颜色，而将影子整个空出来，这也是非常有创意的表现方式。

引导孩子从自己的影子出发，探索其他各种事物的影子。可以让孩子提前先思考一下某种事物的影子应该是什么样的，然后再和孩子一起操作，将影子呈现出来，这样孩子对轮廓和影子的印象会非常深。经过这样的游戏和训练之后，孩子会学着非常投入和仔细地去观察周边的事物，这种能力和品质非常重要，无论在科学上还是艺术上，商业上还是学业上，这都是孩子以后能够有所成就的基础。

家长还可以更进一步，在引导孩子看物体画影子的基础上，反向训练孩子看影子画物体，这就又为逆向思维打下了很好的基础。这将是一种重新赋予事物意义的创造过程，孩子的想象力能够借此得到很好的刺激和发展，心灵也会变得更加丰富，同时也能间接学会如何尊重生命的差异性。

2月 《一本关于颜色的黑书》

第四周 暗箱画画

看不见的手在纸箱里画画

★ 所需用具

大小适中的纸箱,画笔,画纸。

创作过程

① 根据家长和孩子手的大小，在箱子的四周掏出几个可以刚好把手放进去的洞。

② 箱子里面铺好画纸并放好画笔。

③ 跟孩子一起挑选各自想要的颜色的画笔，把手伸进箱子并在里面涂画。完成后，拿出画纸，跟孩子一起观察画面，一起分享自己的想法，之后重复前面的创作过程。

在创作的过程中，要根据孩子的表现随机应变，您可以问一些引导性的问题，非常有助于游戏的进行，比如：

- 你抓到的笔的颜色会是你想要的吗？
- 你刚刚想要画什么？画出来的跟你想的一样吗？
- 纸箱子还能做什么？火车隧道？电影院？话剧舞台？

……

除了用画笔在纸箱里画画以外，还可以引入新的东西在纸箱中画画。比如说牛奶或番茄酱。可以问问孩子，除了画画以外，纸箱还可不可以用来做其他方面的用途呢？比如当成玩偶剧演出的舞台？或者小宠物的家？无限的开放式的提问，会激发孩子无限的创意和想象。

家长还可以在纸箱里制造出不同的声音，可以让孩子听声音猜测纸箱里面究竟是什么在相互碰撞。等到孩子熟悉了这个游戏过程

2月 《一本关于颜色的黑书》

以后，也要交换角色，让孩子选几样东西在纸盒里制造出一些声音，让家长来猜，这会带给孩子更多参与感，也能找到被尊重的感觉。

Frank 老师的贴心话

看不见手，我们又怎么来作画？我们生活在眼睛看到的世界里，还是生活在我们头脑所构思的世界里？在这个暗箱作画的活动中，孩子把头脑中的故事和知识调动出来的过程将无比清晰地呈现在家长面前。

孩子看不到纸箱里面的情况，会不断想知道画面上究竟会出现怎样的效果。是不是与自己预想的效果相一致？如何能让自己克服眼睛看不见纸箱里面这个障碍呢？

暗箱画画提供给了孩子另一种体验世界的方式，孩子要动用自己的记忆力和想象力，才能在眼睛无法直接看到，但是手能感觉到的情况下进行创作。甚至在一开始画画的时候，孩子自己也不知道要画点什么才合适，不过随着孩子熟悉这种画画方式后，他们就会开动小脑筋想出些其他主意了。

喜欢动物的小朋友可能说这是蝙蝠的家或者老虎住的山洞，喜欢奥特曼的小朋友可能说这是怪兽的家，喜欢音乐的小朋友可能把它变成实时的音乐盒，在里面制造出不同的声响来。无论怎样，这个过程非常重要，因为这是孩子在尝试为某种新鲜事物赋予意义的过程，这是孩子探索世界的典型方式——对孩子来讲，有意义的东西才能让他们理解，理解之后才能增加孩子探索的快乐和信心。

Q&A 孩子画画需要大人在旁边陪吗？或者像练钢琴一样请一个老师教？

在孩子进行艺术探索的初期，还没有形成自觉性，这个时候最好能有家长的陪伴。家长或者老师起到是引导和激发的作用。指导者的角色并不是让孩子完全按照自己的要求来做，更不能把孩子当成生产艺术品的机器。家长和老师所起的作用是引导孩子把自己内心最深处的感情表达出来。而在这个过程中，孩子与家长的交流是高质量的交流，孩子的内心力量会在这样的互动中不断变得强大。

父母是最了解自己的孩子的，所以在初期的艺术创作过程中，家长应该多多把孩子熟悉的元素加到艺术创作中，引起孩子的兴趣，慢慢等孩子熟悉了该过程后，家长便可以放手让孩子自己去探索，到那时候，又会有新的引导方式的，当然，这就已经超出本书的范围了。

《我不知道我是谁》

3月

　　魔镜魔镜告诉我，我是从哪里来的？我有没有超能力呢？有没有别人长得和我一样呢？大家都喜不喜欢我呢？为什么有的时候我会害羞和难过，有的时候又非常快乐呢？

第一周 给镜子里的自己画像
我是什么样子的

★ 所需用具

选一面大一些的镜子，水性马克笔（或水彩笔等能在镜子上留下痕迹的画笔即可），抹布。

《我不知道我是谁》

创作过程

① 将镜子固定好,自己摆一个好看的表情或造型。

② 用马克笔将自己的形象画出来。

③ 不满意的地方用抹布擦掉,继续创作。也可以邀请其他人或者找其他的模特(玩具或任何不会跑掉的东西均可)站在镜子面前,创作镜子里的画像吧。

找一面镜子,跟孩子开始自画像吧,认识自我是认识世界的第一步,在孩子开始迈出认识世界的第一步时,你是不是也感到自己跟着孩子在一起成长?这个游戏的过程中你可以念些"咒语",配合孩子的探索:

- 魔镜魔镜告诉我,我是从哪里来的?
- 我跟别人长得不一样……我有超能力!
- 大家都很喜欢我!
- 我有时会害羞和难过,有时又会很快乐!

我们还可跟孩子玩一些发散性的游戏,比如引导孩子进行相关联想:光滑的镜面是不是会让人想起滑冰来?拿着画笔当成在冰上舞蹈的小人,再配上一段优美的音乐,一场精彩的冰上舞会就这么开始了!

用镜子还可以帮助爸爸妈妈做一些事情呢：爸爸涂上剃须膏，让宝宝照着镜子用小勺子模仿剃刀给爸爸刮胡子！（一定要让宝宝看着镜子来进行这个过程，因为这样才会引发宝宝对镜子功能的充分思考和应用。）当然了，不能把妈妈忘记了，让孩子帮助妈妈对着镜子整理一下头发、化化妆吧。

Frank 老师的贴心话

在游戏开始之前，可以先拿出镜子让孩子好好摆弄一下，孩子也许会做出许多让家长意想不到的尝试，孩子的想象力是无穷的，但是也需要引导，家长要引导孩子充分调动自己的想象力，而不是被动地接受现成的结果，还要引导孩子把心中所想表达出来。引导的方式没有一定之规，比如可以用镜子引发孩子进行如下思考：镜子除了能照到自己的样子以外，还能用来做什么？是不是可以用来模仿汽车的后视镜？用普通的铅笔在镜子上能不能划出痕迹？为什么不能划出痕迹？在阳光或者灯光下进行反光试验，镜子反射在墙上的光斑看起来像什么？……

再试着用不同的画笔在镜子上画一下，看看有没有什么不同的效果。还可以让孩子分辨每种画笔与镜面摩擦的声音。

孩子用马克笔在镜子上直接描画自己的模样时，他们会尽力控制自己在绘画过程中保持不动。小宝努力掌控自己的身体并

3月 《我不知道我是谁》

专注地描画自己的模样的时刻是很感人的。

　　等到孩子完成了作品的时候,他们自己都会忍俊不禁的。自嘲,这种非常高级形态的自我觉醒和情商体现,在这样一个艺术活动中得到了非常好的训练。

第二周　制作自己的面具

有好多张脸孔的我

✱ 所需用具

纸盘或空白面具，画笔，颜料，胶棒或胶水，羽毛之类的装饰材料。

3月 《我不知道我是谁》

创作过程

① 选择好自己的空白面具。
② 画面具，用装饰材料装饰，可以随时对着镜子检查效果。
③ 戴上做好的面具，扮演相应的人物。

越玩越出色

这个游戏能玩出成百上千种花样：

可以设计一个面具时装表演专场，爸爸妈妈和孩子一起，戴上不同的面具轮流表演，看谁的面具最可爱，谁的面具最吓人，谁的面具最滑稽。

你还可以让孩子好好观察一下京剧的脸谱，给他们讲讲为什么曹操是白脸，张飞是黑脸，或者一些其他人物的典故。问一问孩子，如果让他们来设计脸谱，喜欢的人和不喜欢的人都应该画成什么样子呢？

如果你有足够的时间和耐心，可以尝试陪孩子多做几层面具粘到一起，然后一层一层剥下，孩子看到会惊喜地跳起来的！

Frank 老师的贴心话

面具挡住了脸孔,却反映了人内心最深处的想法。

这个游戏的过程,其实父母的参与并不多,大多数时间都是孩子自己构思、观察、创作和学习的过程。

首先,我们应该把各种各样的面具拿给孩子看,能找到实物当然更好,如果找不到,可以事先在网上找些图片打印出来,让孩子对面具有所认知。在进行这个游戏之前家长要做足功课,每一个面具背后的故事和相关的材料都应该掌握一点,这样,如果孩子对某个面具感兴趣,就可以深入地讲解。这不仅仅是给孩子传授知识那么简单,这也是在为自己树立一种权威,并且会让孩子更加信任和依赖自己。

画面具的过程,实际上是把孩子内心深处最最隐蔽的一些感情引导出来的过程。比如,有的孩子专门想画吓人的面具,有的孩子则想画高兴的面具,这都是孩子内心情绪的流露。

这个游戏的核心目标是让孩子以另一种方式来表达内心抽象的感情,做到这一点,就为日后的发展打下了良好的心理基础。

第三周　为物品着色

我喜欢吃树皮还是松果

✱ 所需用具

所需着色的物品（松果、树皮、苹果、旧衣服等），颜料，画笔。

① 确定所需着色的物品的安全性。

② 从各个角度观察后开始着手着色。

③ 将着色后的物品与没着色的物品对比，看有什么样不同的视觉体验和感受。

在物品的选择上，既可以选择一些不太常见的奇特的物品，比如松果；也可以把孩子日常生活中最常接触到的东西拿出来，比如苹果、香蕉之类的水果，打破日常的视觉习惯，让习以为常的东西变变样子，孩子的思维和创意也会得到锻炼和提高。别怕偏离常规，你可以问：

- 给爸爸妈妈做一个蓝色的苹果好吗？
- 猴子喜不喜欢吃红色的香蕉啊？
- 恐龙的爪子可不可以是五颜六色的呢？
- 妈妈的废弃口红可以做成"口绿"吗？
- 爸爸的打火机染成黑色的怎么样？这样就可以让爸爸戒烟了吧？

家里的花花草草、装鸡蛋的盒子、穿小了的鞋子或衣服都可以成为涂画的对象。

《我不知道我是谁》

Frank 老师的贴心话

　　松果与苹果放到一起，本身就形成了某种对比和统一。对比是指它们的大小、颜色、触感均不相同；统一是指它们的纹理变化都极具节奏感。上色的过程中，孩子无法预料其上色后的效果，只能一边观察，一边思考，一边创作，在这样的条件下按照自己的想象完成作品；这项游戏同时也是对孩子做精细动作的巧妙挑战。而作品风干后呈现出的效果，又会引发孩子思考在艺术创作中时间的作用。

　　有些家长在带孩子玩这个游戏的时候，遇到比较苦恼的事情是，孩子对某一种颜色特别偏爱，几乎把所有物品都涂成了这个颜色，那我们应该怎样引导？这种情况的应对要视孩子的情况而定，如果是因为孩子的个性本身比较保守，不喜欢尝试，那就需要我们适当地引导；如果孩子确实是出于对颜色的喜欢，那就无所谓了，不要过于担心，也不应该生硬地引导甚至是强制孩子使用其他颜色。

第四周 冰块作画
彩色的冰激凌

★ 所需用具

冻好的彩色冰块（将色素溶解在水中冻成冰块），可以卷起来的硬纸，胶带，小勺子。

创作过程

① 色素溶解在水里，调匀后，冻在冰箱里做成彩色冰块。

② 将硬纸卷成"蛋卷筒"的形状，用胶带固定。

③ 用小勺子舀不同颜色的冰块搭配，放到"蛋卷筒"里，观察冰融化后在"蛋卷筒"里留下了怎样的色彩痕迹。

越玩越出色

游戏之前，还有很多跟孩子一起做的准备工作呢：

打开冰箱带着孩子一起看看，它就像一个魔法盒一样，有无穷无尽的好吃的。带着孩子仔细观察冰箱冷藏室里面冒出来的"白雾"，伸手感受一下是什么感觉？让孩子摸一摸冻硬了的东西是什么样子的。也可以让孩子看看留了太久的食物是否已经变坏了。

彩色冰块冒着凉气端出来喽！孩子可以把彩色的冰块装到"蛋卷筒"里。这时候可以玩一个模拟角色扮演的游戏，家长扮演成顾客，让孩子做冰激凌店的服务生，可以"百般刁难"一下可爱的"服务生"：

● 我要红色的草莓口味的冰激凌，谢谢！

● 对了，然后还要再加一些绿色的哈密瓜口味的……

● 对了对了，还要黄色的芒果口味！

● 哦！哦！不好意思，不想要哈密瓜口味的了，给我换成黑色的巧克力口味的吧！

这样忙活了半天后,估计各种"口味"的"冰激凌"都融化了,正好,打开我们的"蛋卷筒"看个究竟吧,看看已经融化了的冰留下了怎样的痕迹?还没融化的彩冰又是怎样慢慢在画纸上融化的呢?孩子在认真观察了事物的变化后,会对探索世界产生更加浓厚的兴趣的。

Frank 老师的贴心话

"冰激凌店服务生"忙得焦头烂额的时候,他们也在认识颜色、理解颜色,更为关键的是,这也是他们学习情绪处理的好时机。

这个游戏把日常生活中的常识与艺术完美地结合在一起,孩子会为不同形态的水及慢慢融化的色彩着迷。

首先,让孩子挑选喜欢的颜色和形状,然后把黏稠度适合的颜料水灌到不同造型的模子里冷冻。等待的空闲时间做什么呢?讲一讲北极南极的故事,说一说冬天的雪人或北极熊。总之,一定要给孩子的头脑中增加很多关于冰雪的知识储备,这样在后面的活动中才能够看到孩子创意的迸发。

在这段等待的时间里,家长还要帮孩子做"蛋卷筒"。如何把不同形状的纸卷成圆锥形,这也着实考察孩子的动手、观察和实践能力。即使是大人们也要费一番力气呢。软硬不同的纸卷出的效果和难度也不尽相同,这些都会是小而温和的挑战。

Q&A

孩子太小了，是不是什么都不懂，现在就学艺术什么的是不是太早了？

孩子太小的时候都不会说话，那个时候家长会这样说吗？——"孩子太小了，他们什么都听不懂，我们就别对他们说话了吧。"

或者园丁会不会在种子刚刚种到地里的时候说："种子还没发芽呢，等它发芽的时候再给它浇水施肥吧。"

同理，正是因为这个阶段是孩子们的人生起步阶段，我们才需要给孩子充分学习的环境，给孩子充分的熏陶和影响，为他们的未来埋下珍贵的发展的种子。教育像其他任何事情一样，也要遵循大自然的因果法则，耕耘就必然有收获。正像是要保证身体健康，就要补充各种各样的营养一样，早期的艺术教育就是给孩子的心灵提供营养元素。

《蚯蚓的日记》

4月

回到土地里，回到大自然中去，回到最原始的状态，回到人类的本真，回到我们的童年，那里有我们最多的灵感和智慧，和蚯蚓一起，从土地开始，寻找我们的源头和根。

第一周 用土埋起来的画

蚯蚓蚯蚓,你在哪里

★ 所需用具

湿润的泥土(最好是在户外),挖土用的小铲子,不同颜色的画纸,胶水,画笔。

4月 《蚯蚓的日记》

创作过程

① 先在画纸上用笔蘸着水及胶水画上蚯蚓的形象。
② 用小铲子在地上挖出一个小坑,然后把画纸埋在里面,在上边跳跳舞踩一踩。
③ 重新挖出画纸,观察此次作品的效果。

越玩越出色

和孩子一起等待一场雨的来临吧!雨后出来散步,就会发现很多蚯蚓都爬到泥土外面来呼吸啦,这是个鼓励孩子观察的好时机,也是开始玩游戏的好时机。这个时候问问孩子:

- 蚯蚓是怎样爬行的?
- 蚯蚓的头在哪一边?
- 它们爬出来做什么?
- 蚯蚓喜欢吃什么?
- 蚯蚓会不会叫呢?
- 泥土里除了蚯蚓以外,还有其他什么昆虫吗?谁是蚯蚓的好朋友呢?
- 胆子大的孩子可以捉一只蚯蚓放到手里感受一下,是冰凉的吗?
- 蚯蚓在手心里爬行的时候是什么感觉呢?

如果土地足够潮湿的话，我们可以直接鼓励孩子把事先选好颜色的画纸埋到土里面，然后再上去跳跳舞，踩几下，最后小心地挖出来，看看纸上留下了怎样的效果。

如果土地不够湿润的话，我们可以让孩子先用清水在画纸上勾画一些图案，同时用问题引导孩子：土地里都有什么？孩子往往会说蚯蚓、蚂蚁等，那么就让他们把自己想画的昆虫或动物画在上边吧。然后就与前面的步骤相同了，挖出画纸来看一看那些非常自然、朴实而有冲击力的痕迹，孩子肯定会有很多不同的感受的。

Frank 老师的贴心话

每天踩在土地上，我们却很少想过利用它来作画。孩子是大自然的精灵，他们回到大自然里才能彻底释放出灵性。回到土地里，回到大自然中去，回到最原始的状态，回到人类的本真，回到我们的童年，那里有我们最多的灵感和智慧，从土地开始，寻找我们的源头和根。今天的活动就是带领孩子一起去土地里寻找灵感，寻找生命的气息。

一把小铲子、一块湿润的土地，孩子可以找到很多的乐趣。他们挖土埋东西的过程，就是在重现人类进化过程中使用工具种植或采摘的环节，看似无用的玩耍，实际上承载了很多开启智慧的因素。

4月 《蚯蚓的日记》

  孩子与大自然的接触不是每周要有固定的几次这样简单，大自然会不断为我们创造机会，一个春雷，一场暴雨，一阵旋风，一片云彩……这些都是孩子接触大自然的机会，作为家长，不要轻易放过，不要怕孩子弄脏鞋子、吹乱头发、淋湿衣服，这些比起与大自然接触的乐趣都是微不足道的。

  在这个游戏里，埋纸和挖纸的过程实际上是行为艺术：一种想法被种进了土里，会不会生长出一个奇迹？

第二周 皮筋画

不好啦,蚯蚓也要跳芭蕾舞啦

★ 所需用具

橡皮筋,水彩,白纸。

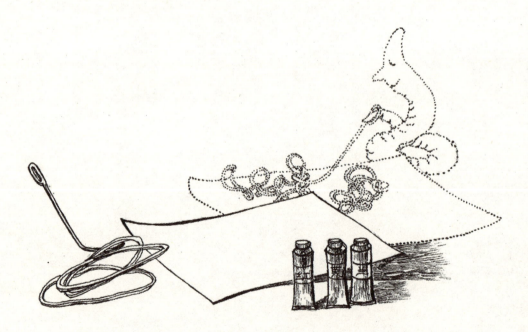

4月 《蚯蚓的日记》

创作过程

① 将橡皮筋浸到颜色中，充分滚动。

② 将橡皮筋拿出来，放到画纸上，用手搓动。

③ 仔细观察橡皮筋扭动过程中留下的痕迹，再试一下粗细不同的橡皮筋以及不同的颜色。

关于蚯蚓的故事有很多，今天我们要利用橡皮筋的特性来模仿扭动的蚯蚓作画。家长拿上一根橡皮筋，再拿一根小牙签或筷子，然后把橡皮筋蘸上颜料，在画纸上用小木棒搓动皮筋套，就会形成蚯蚓扭动一样的痕迹。

在开始游戏之前，或者是游戏的前一天，可以跟孩子一起看一段舞蹈的视频，任何舞蹈都可以，最好能边看边跟孩子随着视频一块跳。到游戏开始之前，跟孩子一起回忆看过的舞蹈，把橡皮筋想象成蚯蚓，也可以让孩子来扮演蚯蚓，一起游戏。橡皮筋在纸上"舞蹈"的同时，可以问问孩子：

- 蚯蚓最喜欢哪种舞蹈啊？跟你喜欢的一样吗？
- 蚯蚓有没有舞伴呢？两条蚯蚓跳"双人舞"会不会更好看？
- 大蚯蚓与小蚯蚓跳舞的痕迹有什么不同？
- 蚯蚓高兴的时候是怎样跳舞的？难过的时候又是怎样跳舞的？
- 蚯蚓是不是吃了什么坏东西在捂着肚子打滚呢？

● 不好啦！蚯蚓被小鸟抓到天上去了，不过没关系，幸好它又掉下来了！摔坏了吗？

● 鼓励孩子去观察，哪个是橡皮筋落下时留下的痕迹？

这个游戏最好配合一些背景音乐，可以准备几段不同风格的音乐让孩子来选择，根据音乐的不同节奏来搓动橡皮筋，看看能不能从橡皮筋的印迹中看出音乐的旋律与节奏。

Frank 老师的贴心话

橡皮筋运动的方式本身就介于可控和不可控之间，这为本艺术活动增加了很多微妙的乐趣，孩子也会在这种创作过程中体会到别样的感受。

画纸的大小会限制皮筋的活动范围，孩子在不自觉间培养了平面范围内的大小概念。

另外，手部不同的运动方式让画面呈现出不同的韵律和效果，等到孩子慢慢掌握了这种作画方式后，就会反过来赋予不同的画面效果以不同的意义。比如孩子会说那条轻轻的痕迹是蚯蚓在跳芭蕾舞；那条重重的痕迹是蚯蚓在滑冰；还有一条直直的线条是蚯蚓在开车呢……

请鼓励孩子把生活中他们所了解的一切都与游戏联系起来，这样他们就能很好地享受创作过程并且得到最大化的想象力训练！

第三周 纸筒摇画

蚯蚓的好朋友是彩色蚂蚁们

★ 所需用具

装羽毛球或薯片的纸筒，大小适中的画纸，蘸了水的彩色粉笔头。

创作过程

① 将画纸卷好塞到纸筒里,将湿的彩色粉笔头也放进去。
② 盖上盖子,用力摇晃,用各种花样滚动也可。
③ 打开盖子,仔细观察留在纸上的小小的彩色点点。

  装薯片或羽毛球的筒,里面卷上纸,再把浸湿了的粉笔头放在里面,摇摇看,看会在纸上留下怎样的痕迹?激烈的摇晃与轻轻的摇晃有什么不同吗?不同的摇晃方向对结果会有什么样的影响呢?

  生活中哪里有漂亮的彩色小点点的设计元素?带着孩子把它们找出来吧!妈妈的某件裙子上?家里的哪块壁砖上?电视上播放过的某个城堡的彩色墙壁?沙发的靠垫?床单?

  如果观察过程中找不到类似彩色点点设计图案的东西也没关系,可以让孩子学会对比两种设计的不同,这样,孩子的审美意识就会慢慢地形成了。

  带着孩子仔细观察,蚂蚁全都是黑色的吗?为什么蚂蚁不变得颜色鲜艳一些呢?进而引导孩子知道很多动物的颜色都是为了更好地生存而进化出的保护色。

4月 《蚯蚓的日记》

Frank 老师的 贴心话

家长们常挂在嘴边的话就是要保护孩子的天性和想象力，其实我们要做的不仅仅是保护天性，而是要制造让他们释放灵感的机会，这个游戏就是最好的释放孩子天性的游戏。孩子的灵感常常就在玩耍中迸发出来。同时也是创造我们与他们建立亲密关系和彼此信任的机会。

这是一场颜色与动作的实验，孩子可以想尽办法创造出不同的动作方式，比如摇晃、滚动、甩动等。听着碰撞的声音，想着色彩在里面猛烈运动的情形，之后，他们会跟我们一样，迫不及待地想知道这将是怎样一幅作品了。拿出来的纸上布满了各种各样的色点，交织复合出一幅别样的装饰画，这是很有视觉冲击力的画面效果，让人仿佛触摸或嗅到了颜色的碰撞。

特别要提醒家长的是，如果把孩子的作品拍摄下来，会是非常美好的纪念。还可以联系一些装潢材料的定制厂商，将这种图案定制成家里的窗帘或瓷砖，这对孩子和家长都有非常特别的意义。

第四周 树皮贴画

蚯蚓登土堆山，小蚂蚁登树皮山

★ 所需用具

干树皮，胶水，白纸。

4月 《蚯蚓的日记》

创作过程

① 挑好树皮后,从不同角度观察和组合,决定放在画纸什么位置上。
② 用胶水将树皮固定。
③ 也可以将树皮掰碎,用来装饰。

在开始拼贴之前,你可以先让孩子仔细观察干树皮。包括看一看干树皮的纹理,摸一摸干树皮的手感,闻一闻干树皮的气味,听一听敲干树皮的声音,甚至可以让孩子尝一尝洗干净的干树皮的味道。然后把孩子在公园的树林里或草地上拍的照片找出来,回忆一下当时闻到的是不是同一种味道?从以上五个感官来深入体察干树皮后,为下面的创作做好准备。

可以让孩子选择性地将树皮掰成大小不同的形状,然后鼓励孩子将它们以不同的方式和想象组合到已经准备好的硬纸板或绒布上。期间,可以让孩子根据自己的判断和审美对画面的组合进行调整,最后达到自己满意的状态。

用胶水将已经摆好的作品粘到硬纸板或绒布上。

Frank 老师的贴心话

　　这个游戏之前的准备可以有很多方向，也给亲子之间提供了很多可以延展的话题。

　　如果我们准备用树皮贴一座小山，那么家长可以跟孩子回忆一起爬山的情景，还可以跟孩子说说中国的几大名山。如果是比较小的孩子，我们可以聊聊爬山的时候有没有看到什么植物和小动物，有没有觉得累，有没有在路上休息，等等。

　　另一方面，如果孩子上了美术特长班，那么你可以跟孩子一起看看中国古代的山水画或者其他的绘画作品。并且请孩子讲讲自己在特长班学到的东西，而且一定要表示出饶有兴致、大有收获的样子，这是对孩子最大的鼓励。

　　这个游戏让孩子学会对大自然所提供的原始材料进行创造性使用，树皮的质地、触感、颜色、层次、味道等都十分特别，这为孩子细心观察自然打开了绝妙的窗口，后面对树皮的创作应用，更是结合了中国传统山水画的抽象思维和散点透视的特色，使孩子在创作中把头脑中与山石有关的概念也全都调动出来，形成了颇具匠心与审美的思维构建。

　　这个游戏对那些喜欢画画并且动手能力很强的孩子非常有吸引力，也非常适合用来培养孩子对美术的兴趣。

4月 《蚯蚓的日记》

Q&A 作为父母,我们都不会画画,那该怎么教孩子画画呢?

可以在孩子画画的时候,自己也拿出画笔,以平等的方式和孩子一起玩。单纯秉着玩的心态,不过多考虑画出来的结果,要关注在画画的过程中,孩子的注意力是否集中,感情是不是得到了抒发和释放。所以,父母陪着孩子一起画画,好好享受这段亲子共处的美好时光,放松心态,帮着孩子发掘内心情感,同时探索世界。

比如,画到圆形的时候,不用过多地去关注孩子画得是否够圆,而是可以谈论一下昨天看到的大卡车的轮子是不是大圆圈,前天妈妈烤的饼干是不是小圆圈。这种蕴于无形的教育才是最高效的教育。

《玛德琳卡的狗》

学着接受这个世界的不完美，用自己的想象与爱重造一个更加美丽与温暖的世界。

5月

第一周　面塑与橡皮泥

各种形状的小狗饼干啊，快来尝尝

 所需用具

面粉，水，色素，橡皮泥，模型。

创作过程

① 将面粉与水混合完毕,加入色素。

② 调整好黏度后,可以自己捏或者填充模型。

③ 放入烤箱或微波炉中,做出自己的小狗饼干。(如果用橡皮泥就可以省略这一步了。)

家长有时会忽略孩子的情感需求,特别是当孩子想要一个小宠物的时候。我的朋友在跟孩子玩这个游戏的时候,忽然发现,自己好像得弄个宠物回家了:

汪汪汪!!

妈妈,我养一只小狗可以吗?不行!!

喵喵喵!!

妈妈,我养一只小猫可以吗?不行!!

咩咩咩!!

妈妈,我养一只小羊可以吗?不行!!

……

呜呜呜!!

我养一个小宝宝可以吗?

我们把"饼干"做好以后,还有很多可以跟孩子聊的事情:

小狗喜欢吃什么样的饼干？圆形的？三角形的？方形的？骨头形的？什么颜色的饼干？白色的像奶油一样的？黑色的像巧克力一样的？还是黄色的像骨头一样的？什么味道的饼干？草莓味的？苹果味的？还是骨头味的？

在游戏开始之前，如果孩子有兴趣，可以邀请孩子一起和面，让孩子来掌握水和面的比例，还可以在面里加一点酵母或者泡打粉，跟孩子一起研究一下"发面"是怎么回事。

Frank 老师的贴心话

这个游戏的主题是为小狗做饼干，实际上是雕塑里面的"面塑"一项。

整个的艺术活动过程实际上是一场记忆搜索和知识构建的过程。活动中，孩子势必要把头脑中所有跟饼干、狗和味道等有关的信息全都搜索出来，这样他们才能够给自己的小狗提供最好的"饼干"。

捏好的饼干肯定千奇百怪，不过没关系，在孩子的眼里，这些都是最最美丽、最最美味的饼干，因为这些都是他们亲手花费了十二分的精力来完成的作品。一切就绪后，便要把这些"饼干小精灵"们送进烤炉里。经过一段时间的烘烤，它们终于出炉了！亲手造出的饼干鲜活得如同新生命一样，孩子会为自己的努力而

5月 《玛德琳卡的狗》

自豪，同时还会有造物主般的神圣的感觉和对生命的敬畏。

　　这个游戏最有趣的地方其实是"跟妈妈（爸爸）一起下厨房"，孩子对烹饪有着天然的偏爱和灵感，无论男孩还是女孩，在"过家家"的游戏里都会喜欢"做饭"。在共同制作和烘焙饼干的过程中，亲子之爱也会随着饼干的香味层层升华。

第二周 着色射箭的游戏

带着小狗一起去打猎吧

★ 所需用具

自制或买来的弓箭，颜料，画纸及画纸做成的靶心或衣服。

5月 《玛德琳卡的狗》

创作过程

① 将靶心固定，或者选好谁来穿上靶子衣服。
② 将箭头沾上颜色。
③ 瞄准、射击。与孩子交换角色继续打猎游戏。

越玩越出色

男孩最喜欢的战争游戏来了！！

这一回还是需要家长们牺牲一下，穿上大白纸做成的衣服，站在孩子面前当靶子。孩子则根据心情和当时情况，选择不同的颜色给自己的箭装扮一下，然后就是——瞄准——射击，着有颜色的箭和画纸碰撞，你可以做出一些夸张的表情，或者发出一些夸张的声音，这样更能增加游戏的娱乐效果，也会让孩子更有成就感。即使射箭不够准确，孩子依然能够承受这种失误，这也是对孩子的抗挫折心理的一种非常好的挑战和练习。

在游戏开始之前，先给孩子讲讲远古的人类是如何在恶劣的条件下生存下来的：他们是怎么制作各种工具的？都种些什么粮食？用什么打猎？怎样战胜大型野兽得以生存？

还可以给孩子看看现在还存在着的比较原始的部落是什么样子的，并引发孩子的思考：那些人的服饰装扮为什么是那个样子的？为什么他们的穿着和我们不同？

Frank 老师的贴心话

很多家长觉得和枪或者射击有关的游戏太暴力，尤其会使男孩子暴力的一面得到鼓励和强化。事实上却并非如此。暴力是人的本性，如何将暴力因素引导到积极有益的方向上，是每一位家长和老师都应该注意的问题。而这个游戏刚好可以合理地把孩子的"暴力倾向"引导到一个比较积极的方面。

我们平时也可以多跟孩子一起看射击运动比赛，或者回忆看过的射击比赛，如果家里面有飞镖玩具或者玩具枪，也可以组织家庭内部的小型比赛，用这种方法来引导他们把射击或投飞镖当做一种竞技，而不是到处乱飞的伤人工具。

射箭类游戏永远是经典的游戏，因为它模仿了原始人类的狩猎过程，而这项重要的技能使得人类祖先有了更加充足的生活保障。在进行这个游戏的过程中，孩子将激活人类内在的原始智慧的程序。

游戏过程中最需要注意的就是安全问题，你最好给孩子和自己都准备好护目镜和安全帽，有条件的话，可以戴上小动物造型的面具或者头套，这样既能保护自己，又达到了扮演猎物的效果。

第三周　气味拼贴画

你能闻出这幅画是用什么画的吗

★ 所需用具

画纸，各种粉状的调料，胶水，油画棒。

创作过程

1. 用油画棒勾画各种形状。
2. 把不同颜色的调料粉撒到图案中。
3. 用胶水黏合,粘出一幅有气味的拼贴画。

气味的世界是一个"看不到摸不着"却切实存在的世界,这个美术游戏将引领我们来到神秘的"气味王国"。

尽你所能多找一些粉状调料:辣椒粉、咖喱、丁香、肉桂、果冻粉、面粉、奶粉、盐、糖,等等,在游戏开始之前,先带孩子来感知这些不同颜色、味道和触感的粉状物,孩子可能完全记不住名称,但是他们能够记住味道。

在孩子闻或者尝这些调料的时候,我们可以引导他们回忆吃过的菜里面都有哪些味道,做牛肉的时候用咖喱,做饼干的时候用糖……

视觉上的色彩如何与嗅觉上的气味进行某种转化对应呢?我们将在这个美术游戏中进行更深入的探索。

红色的辣椒粉、白色的奶粉、绿色的是芥末、黄色的姜粉,各种各样的粉末状的调味品可以组合成色彩和味道都很丰富的气味拼贴画。

5月 《玛德琳卡的狗》

Frank 老师的贴心话

这个游戏还有一个延伸的玩法，就是找一块手帕，把孩子的眼睛蒙起来，家长把孩子平常喜欢吃的东西放到带子或盒子里，然后鼓励孩子仔仔细细地闻一闻，看能不能猜出来是什么。同样，也可以把爸爸妈妈的眼睛蒙上，孩子找一些东西来让爸爸妈妈来闻。这样才是真正的公平，而且孩子会感觉到被充分地尊重和信任，爸爸妈妈可以在孩子面前"示弱"，故意猜出一些非常离奇的答案，那么孩子会非常开心的。

也可以让孩子学着给爸爸妈妈一些提示，既不能一下子说出来，又不能把所有的信息都告诉爸爸妈妈，尺度拿捏好的话，非常锻炼孩子的抽象思维能力和表达能力。

并不是所有孩子都热衷于闻和品尝各种调料的，这时候家长不宜苛求孩子。在其他的游戏中也是一样，如果孩子在准备环节表现得有点心不在焉，不必强求把准备工作做完，直接开始游戏就可以了。因为游戏最重要的目的是让孩子在游戏中得到快乐，亲子之间建立起信任，亲子关系通过游戏变得更亲密融洽，而不是要让孩子学到更多的知识，掌握更多的技能，锻炼更强的心智。家长在游戏的过程中只是玩伴，而不是主导游戏的"独裁者"。

第四周 自制手偶

每个人心中都有一个属于自己的最美玩偶

✱ 所需用具

手套或袜子，小纽扣等饰物，棉花和碎布头儿等填充物，皮筋，针线，马克笔。

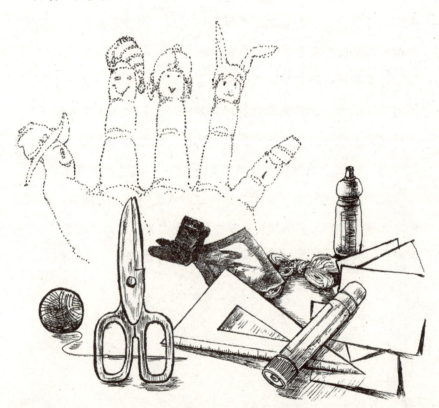

5月 《玛德琳卡的狗》

创作过程

① 构思好手偶或指偶的形象，用橡皮筋扎好基本形状。
② 用小饰品和马克笔来装饰自己设计的手偶或指偶。
③ 多做几个手偶或指偶，来一场精彩的舞台剧表演吧。

在游戏前一天，可以邀请孩子跟自己一起清理衣橱，找出太旧不想要的袜子或手套，来设计一个属于自己的有生命的玩偶吧！

- 条纹的袜子就做一个斑马手偶好啦！
- 没有眼睛怎么办？用小扣子吧！
- 没有两个一样大小的扣子怎么办？算了，算了，就算是两只眼睛一大一小的斑马也很好看啊！
- 绿色的手套做成五只青蛙兄弟吧！
- 太长了不好做怎么办？那就做成五条长长的小青蛇吧。

爸爸妈妈加入进来，一起来做一个手偶的一家，爸爸的袜子很大，妈妈的袜子很漂亮，宝宝的袜子很可爱……每个手偶再多设计一些装饰物，大扣子可以当帽子，小扣子当做项链上的宝石……

孩子所有的想象都这么自然而然，他们能把最普通的材料派上大用场。

Frank 老师的贴心话

我们习惯用各种各样的东西把自己包装起来，包装头的是帽子，包装身体的是衣服，包装手的是手套，包装脚的是袜子和鞋子——总之，一切都可以好好地包装起来，除了我们的大脑和想象力。与之相反，我们要让想象力挣脱束缚，完全地释放出来才对。而这个游戏，就是要把包裹我们身体的东西变成释放我们灵感的道具。

在不断的构思、否定、肯定、再否定、再给出新的解决途径或解释的过程中，孩子会变得非常自信和主动，他们必须在每一个细节上都给自己的小玩偶一个交待，那样才有成就感。做事情坚持到底的好品质也就这样慢慢养成了。

另外，可以多带孩子去儿童剧院看看舞台剧的表演，舞台剧的很多道具和服装设计都很夸张。演出之后会有很多跟演员接触的机会，能让孩子观察得更仔细，这为孩子今后进行艺术创作提供了很多发挥想象的基础素材。

平常生活中不太常用的，甚至是废弃的一些小物件，这个时候都会成为无比珍贵的装饰原材料。关键是引导孩子如何将这些看似不太相关的东西有意义地拼接到一起。

手偶做好以后，跟孩子一起编个故事，玩个故事接龙的游戏，也许你们整整一个月，每天晚上都在接着前一晚上的情节讲故事，这是多么快乐又美妙的事情！

5月 《玛德琳卡的狗》

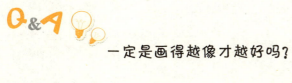

一定是画得越像才越好吗？

从写实角度来讲，可能是画得越像就越好。而且画得像不像是很容易就看得出的，所以这成了家长们最容易找到的评价孩子艺术创作的标准。我们承认，能够将事物描画得惟妙惟肖的孩子一定是有天赋的，但这绝不能成为判断或者引导孩子在艺术方面探索的唯一标准。

家长可以带着孩子一起观摩一下印象派的作品，或者是米罗、康定斯基、毕加索、卢梭等人的画，甚至是某些装饰作品，这个时候您就明白了，原来艺术的表达有各种各样的方式，只要能够充分表达创作者的意图和感情的作品，就具备其自身的艺术价值。

《我等待……》

一根让人感动和深思的生命红线，一本让孩子体会生活的美、学着敬畏生命的书。

6月

第一周 落线画

我要参加一场什么样的舞会，谁是我的舞伴呢

★ 所需用具

不同颜色、粗细、长度的线，胶水。

6月 《我等待……》

创作过程

① 尝试不同的线下落后的效果。
② 跟孩子一起选定自己喜欢的线，等线落下后调整效果。
③ 调整满意后，用胶水将其粘到纸上。

艺术品产生的过程就是这么简单，打开针线盒，让孩子自己来挑选要用的线，可以让孩子看看长短，挑挑颜色，摸摸手感，用力拉一拉试试结实不结实，最后把自己喜欢的各种各样的线条都拿出来，做好创作前的充分准备。跟孩子共同完成一幅画，会有很多事情需要沟通：

- 要不要试试把不同颜色的线拧成"麻花"？
- 我想贴一道彩虹，应该从哪个颜色的线贴起呢？

……

通过变换所用线的颜色、长短、材料、粗细等因素，会制造出不同的精彩效果来。软硬不同的线有不同的弯曲度；长线能够围成大大的圆圈，短线就只能小角度弯曲；黑色的背景纸上，黄色的丝线比蓝色的丝线更加醒目……

孩子更可以自发地意识到每种效果的特点，然后慢慢有意识地进行落线试验，渐渐掌握每种不同线条的特性以后，孩子就会开始

制作有缜密构思的作品了。比如他们会先挑选不同的颜色，然后再按照一定的顺序进行落线创作，通过不同的覆盖顺序来获得更加有特色的画面效果。

这个游戏也可以直接用不同颜色的线作画，让孩子把线摆成自己喜欢的图案；或者把颜料涂在线上，看看这样的线从高处落下来会在纸上留下什么样的痕迹。

Frank 老师的贴心话

利用不同颜色、质地、粗细的线组成不同的构图，在色彩搭配和图形构成方面给了孩子挑战和想象的空间。

黑色的背景纸张会让落下来的线条产生更好的立体感和对比效果。初试牛刀的孩子会惊异于线条所能产生的奇妙效果。他们会慢慢发现，下落的线条会因放手的高度、角度和速度而产生不同的效果，这会大大激发孩子的好奇心，也锻炼了动手实践能力。同时，孩子会在百试不厌的过程中培养耐心，这种品质无论用于未来生活中的哪个方面，都会对孩子产生长远的影响。

有时候，孩子会盯着画面上面的线条所形成的图案产生很多联想，这时候，他便要动动手对落下来的线条进行细致的改造，使之一点点趋向于自己所期望的效果。当然了，很多时候，因为调整的过程繁复而极容易出错，当孩子想要调整其中一小段弧线

的过程中，可能无意中碰到位置已经很合适的其他线条，进而不幸"毁坏"了整幅作品，导致孩子不得不从头再来，此过程中，孩子的耐心得到了极大的训练。

不过，有的时候也会出现"意外的惊喜"——某些线条在不小心碰到后，可能会形成比预想中还要好的效果，这时候，孩子会充分调动自己的想象力，将眼前的作品不断调整，最后达到自己想要的样子。灵活应变的能力在此活动中得到了很好的锻炼。

第二周 陀螺旋转画

旋转吧,第二支舞曲开始了

★ 所需用具

陀螺或像陀螺一样能旋转起来的物品,颜料(不要过于黏稠),画纸。

创作过程

1. 选好画纸，用陀螺旋转进行试验。
2. 调上不同颜色和浓度的颜料，用陀螺蘸上颜色在画纸上旋转。
3. 试着将两个或更多的陀螺在纸上转起来，看它们碰撞后会有怎样的效果。

运动起来的东西总会吸引孩子的注意力，你可以先从手边找起，带着孩子一起把能找到的东西都旋转一下试试吧——各种各样的球都可以旋转；圆形的积木可以旋转；三角形和方形的积木转一下就倒了；气球太轻了，转不起来；饮水机太重了，转不了；豆子太小了，转不动；电视太大了，也不行。

这样试来试去，到最后，孩子自己就会预先判断哪些东西是可以旋转起来的，哪些东西是不能旋转的。更有趣的就是，家长可以带孩子一起去探索：哪些看似不能旋转的东西却可以转得很好？哪些看起来可以旋转的东西却根本达不到效果？尝试的过程非常重要，对不同物体的旋转效果的判断过程，就是归纳和演绎思维的初期体现。

Frank 老师的贴心话

运动跟色彩与线条究竟是什么关系呢？我们来看一看陀螺旋转画吧。

首先，孩子要先学会如何旋转陀螺。不一定非是陀螺，只要找到类似于陀螺一样能够旋转的东西就可以，比如拼插玩具中的小蘑菇等。熟练掌握旋转的技巧也是一个需要很多耐心和专注力的过程，孩子在慢慢熟悉了如何操作旋转的陀螺之后，便会在后面的艺术活动中更加得心应手。

加上颜色的陀螺旋转起来，会甩出很多不同的彩色条状或者点状痕迹，孩子会因为这个效果而兴奋的。这个艺术活动为孩子打开了一扇观察和理解的窗户，色彩将陀螺的运动记录下来，孩子知道自己的努力会影响到面前的这幅陀螺旋转画，那么他们便获得了极大的创作快乐和成就感。

在这个基础上，孩子会开始进一步深入地探索——为陀螺加上不同的颜色，不同的旋转速度都会造就出怎样不同的线条呢？怎么样才能让小陀螺不轻易旋转出纸面呢？在材料不同的媒介上旋转会有什么不同吗？可不可以两个小陀螺一起旋转？这样的问题和创意会在实践和创作的过程中层出不穷，孩子会因面对这许多没有固定答案的问题而不停思索，这种思维训练是非常高质量的右脑思维的训练，为孩子未来能够创造性地解决问题打下了很好的基础，不让孩子形成僵化的思维模式。

孩子可能会继续尝试用其他东西旋转，为什么不同的东西，旋转出来的效果都不太一样呢？孩子的迁移和类比思维在这个过程中也得到了很好的练习。

家长也可以引导孩子观察两个陀螺相撞后的效果。在游戏活动中，家长也不要让自己的创造力闲着，用新奇的想法给孩子带来更多快乐。

陀螺旋转出来的画面看起来像什么呢？是一场雨还是一次焰火晚会？是像满天的星星还是海边的沙子？在看似不相关的事物里找出相同点，在相同的事物中看出区别来，这是真正有创造力的人才具备的能力——最伟大的艺术家和科学家们都是其中的佼佼者。

第三周 流淌画与叶脉树枝画

彩色线条流淌出的舞蹈

 所需用具

树叶和树枝，颜料，画纸。

6月 《我等待……》

创作过程

① 认真观察树叶的叶脉和树枝，总结二者的相同和不同。
② 将过量的颜料涂到画纸上，然后将画纸竖起来，让颜料自身的重力流淌成树枝和叶脉的形状。
③ 用振动画纸的方式让色彩流动，和孩子一起观察会有什么样的效果。

越玩越出色

不同的孩子会选择不同颜色的背景纸张，这就已经决定了后面艺术创作的效果截然不同了。这并不存在对与错或者好与坏的问题，结果仅仅是大家创作的作品不一样。类似的活动的目的，是让孩子在获得快乐的同时不断增加自信心和做决断的能力，这对孩子的内心发展至关重要。

选好纸后，孩子要继续自己做决定，把颜色加到画面的什么位置，先加什么颜色，后加什么颜色，每种颜色加多少，等等一系列的问题。每一步的问题都解决完后，孩子已经习惯自己去做判断和决定了。

我们看到的仅仅是这个世界的表象，要让孩子学会透过现象看本质，通过对树枝、树干、树根、叶脉的对比，让孩子能够直观而深刻地体会到大自然的美丽和规律。树枝上色挑战了孩子的耐心，也丰富了孩子观察事物的视角，叶脉的制作让他们懂得了如何更深入地观察事物，留意最普通的事物所蕴藏的美与规则。

Frank 老师的贴心话

没有什么东西比大自然的造化更美，所以，最美的、最高明的设计大都是模仿自然而得来的。这个流淌画的创作便很好地体现了这一观点。

在作流淌画时，要鼓励孩子观察和实践：究竟是什么控制着颜色在画纸上流淌？倾斜的角度与颜色流淌的速度有什么关系？流淌的效果为什么是这样的呢？怎样才能控制着颜色流淌出自己想要的效果呢？两种颜色交汇的时候为什么会形成那样的效果？如何才能控制着颜色不流到画纸的外面去？……孩子找到规律后，会渐渐开始刻意控制颜料流淌的方向和震动画纸的方式，这是非常值得肯定的进步，这时候你最好适时指出他的聪明和用心，鼓励永远是孩子成长最好的催化剂。

在不断的调试中，孩子能够学会如何在画纸上进行颜色的布局，了解颜色混合后的效果，也会知道画纸施加不同的用力方式，画面效果也不一样。在游戏中，孩子对重力有了最直观的认知。孩子看到某种像树或像珊瑚一样自然的画面，又能够进一步激发他们的想象力和能动性。整个活动会让孩子的注意力非常集中，思维也处在高水平的运作中，其中的挑战要远远超过单纯让孩子背一首诗或学唱一首儿歌这样的训练。

6月 《我等待……》

第四周 多彩保龄球瓶画

没有输赢的比赛，每个人都有自己的精彩

✱ 所需用具

盛装颜色的小号矿泉水瓶（瓶口处扎有能让颜色流淌出来的小孔），足以撞倒瓶子的球，大白纸。

创作过程

① 将不同颜色的保龄球按照自己喜欢的顺序在大白纸上排好。

② 将球对准"彩色保龄球"瓶滚动。

③ 观察倒下的保龄球瓶中流出的颜色流淌成什么样的图案,并再次将球瓶摆好。

准备好来一场颜色的较量吧!无论打倒了几个瓶,我们都是最终的胜利者。

这个活动要参加的人多才有意思,最好能邀请邻居家的小朋友一起来玩。

开始游戏之前,爸爸负责讲解保龄球赛的规则。妈妈负责搜集瓶瓶罐罐。为了增加比赛的真实感,可以弄一个记分牌,这样还可以在记分的过程中顺便让孩子理解某些体育比赛中的符号。

我们把加了不同颜色颜料的水装到小号矿泉水瓶中,瓶子要扎一个小小的口,刚好可以让颜料缓缓流出来。下面准备开始比赛,爸爸妈妈和宝宝,一人一次机会,轮流进行。无论是掷球的人,还是帮忙摆瓶子的人,大家都会忙得不亦乐乎的。最后的结果不分输赢,作品也是大家合作的结果。

6月 《我等待……》

Frank 老师的贴心话

保龄球是静中有动的运动,看似不经意的滚球动作,实际不知在掷球者的头脑中预演了多少遍呢,这非常有助于训练孩子的右脑。

掷球击倒几次瓶子后,孩子就开始"觉醒"了,孩子想把画面变成他们想要的样子,于是再掷球的时候就会有所思考了,他们可能还会在轮到爸爸妈妈掷球的时候,请爸爸妈妈只打那几个他希望被撞倒的瓶子。

这种情况出现的时候,也许你会按照孩子的要求来掷,也许你会觉得不能太顺着孩子,该怎么掷球就怎么掷球,但是不管怎么样,你都要把握一个原则:如果孩子只是蛮横地要求你要撞倒某个瓶子,而并不说明原因的话,你就不该按照孩子的要求做;如果孩子能说出为什么,比如"妈妈,你撞那个黄色的瓶子吧,我想在那边画只小鸭子",这样的话你没有理由不满足这个要求,因为孩子希望跟你共同完成一幅作品。这无形中也锻炼了孩子的协调沟通能力。

爸爸妈妈还要学会在孩子面前示弱,比如说故意轻轻地滚出保龄球,让球碰不倒任何球瓶,然后装作很受挫的样子,让孩子来安慰自己,培养孩子的同理心。这样孩子自然就知道,即使自己有时候打不倒球瓶也是很正常的情况,没必要有什么情绪波动。这类建设性的游戏,非常有利于孩子的身心成长。

Q&A 我的孩子只会乱涂乱画，根本不是在画画，我该怎么办？

这个问题就像孩子在还小的时候，家长就说："我的孩子不会走路，只会跌倒和到处乱撞。"

其实孩子看似乱涂乱画的过程，就是在为未来有目的、有意识的涂画做准备的过程。他们会在乱涂乱画中慢慢掌握线条的运动规律和变化，掌握画笔、画纸和颜料等材料的不同性状，直到有一天，量的积累最终会达到质的飞跃，孩子开始画出一些像模像样的形象来了。

所以，可以在家里专门开辟一面墙给孩子乱涂乱画，让孩子高兴地涂抹，可以引导孩子尽快完成从无目的的"涂鸦期"向有意识地创作的"象征期"的过渡。

《小黑鱼》

　　没有对，没有错，只有不同；没有好，没有坏，只有不同。这不只是我们的艺术诉求，更是对每个生命的独特性的尊重与思考。教育不是要制造很多相同的产品，而是要培育孩子成长为他们自己！让孩子为自己的与众不同而欢呼吧！

7月

第一周 玻璃摩擦拓印画

小鱼的家在海里,每天它不用洗澡

 所需用具

两片玻璃片,颜料,画纸,画笔。

7月 《小黑鱼》

① 选定颜色后涂抹到玻璃片上。
② 将两片玻璃放到一起挤压摩擦，观察颜色在里面的变化。
③ 摩擦出的画面达到自己满意的效果后，可以将其拓印到画纸上。

　　颜料在玻璃相互摩擦作用下，会呈现出漂亮的纹理。家长要做的准备工作之一就是带孩子去认识纹理。

　　可以从身边的小物件开始观察，比如妈妈的鳄鱼皮包，爸爸的皮鞋上的"皱纹"，再看看自己的每个手指的指纹，还有掌纹，是不是一样呢？

　　大自然中的纹理就更多了：各种各样的石头，每一种都有着独特的纹理；树干的纹理，叶子的纹理，树桩的年轮；蜗牛、乌龟的壳，海里的贝壳，还有热带鱼身上的花纹；孩子更喜欢哪一种纹理图案呢？斑马身上的条纹，还是豹子身上的斑点？

　　观察后，可以跟孩子一起坐下来，闭起眼睛想象快乐的纹理、悲伤的纹理都是什么样的呢？太阳的纹理和月亮的纹理分别应该是什么样的呢？

　　观察和想象这些纹理是孩子后来创作的基础，也能够引导他们更好地表达自己的想法。

在刚开始的时候,先把颜料涂在一片玻璃上,晃动玻璃片,让孩子观察颜料在玻璃片上的流动。然后,再用另一片玻璃来挤压涂了颜色的玻璃片,看看色彩的运动规律。之后再多加上一些其他的颜色,让孩子看有没有新奇的效果出现。

接下来让孩子自己决定哪一块痕迹可以拓印成画。选择的时候并没有一定之规,只要孩子自己觉得有拓印的意义就可以。选定了想要拓印下来的部分后,就可以让孩子拿着薄薄的餐巾纸轻轻地覆盖在玻璃片上,然后轻轻拍打,等颜色浸润完全后再慢慢地揭起,这就形成了一幅最原始的拓印作品。当然,孩子有时会觉得画纸上的图像并不是自己想要的,也有时会有意想不到的惊喜。

Frank 老师的贴心话

在第一次把玻璃上的颜色拓印下来之后,孩子也许会因为不满意拓印效果而继续往玻璃上加颜色,重新做一次。这就又形成了一次新的探索循环,家长可以把孩子的拓印作品搜集起来,最后在家里面搞一次拓印作品展出,每一个作品都征询孩子的意见写下创作的主题,这会带给孩子极大的心理满足感,并能够激发孩子的探索精神。

通常,在孩子的经验里只要是能看到的颜色,就一定能摸得到。但是在这个游戏中,透过玻璃片,孩子可以看到颜色,却不

7月 《小黑鱼》

　　会沾到手上，这会带给孩子非常微妙的创作体验。如果能引导他们透过涂了颜色的玻璃看世界，也是个不错的玩法。

　　有的孩子可能会把涂了颜色的玻璃片扔在地上，看看摔过之后颜色有什么变化，这时家长最重要的是保护孩子的安全，让孩子远远看看就好，别去碰破了的玻璃，而不是去指责孩子把游戏的道具弄坏了。当然，即使玻璃片没有破，你也要保证孩子的安全，这是这个游戏最大的前提条件。

　　在其他的游戏中也是一样的，我们准备的材料只是帮孩子认识和观察世界的工具，大人永远不会知道孩子会拿这些东西做什么有创意的事情，家长要做的就是让孩子尽量深地融入游戏，跟孩子一起寻找游戏的快乐，而不是时刻提醒孩子按照规则来玩。

第二周 气球瓷砖画

小鱼的好朋友是贝壳

★ 所需用具

光滑的白色瓷砖，颜料，画笔，气球。

7月 《小黑鱼》

创作过程

① 气球的气一定要少吹，保证用正常的力道捏不爆。
② 将气球涂抹上不同的颜色，用力按到瓷砖表面。
③ 观察不同的效果，用不同的力道继续尝试。

越玩越出色

气球是最常见的一种小玩具。这一次我们要挑战一下常识，用气球来创作一些与众不同的作品来。

在气球上涂抹颜色，然后拿一片小瓷砖，利用瓷砖表面光滑这一属性，让孩子把手中的气球用力压向瓷砖，然后揭开，孩子会发现瓷砖上留下了非常奇妙的痕迹。

每一次玩这个游戏，我们都可以设定不同的主题。假设我们把这次的主题定为海洋，那么家长就可以开展多角度的创造性提问：

- 海水是什么颜色的？
- 海洋里都生活着什么样的生物？
- 海里的珊瑚和陆地上的树长得像不像？
- 海马可不可以骑呢？
- 谁才是小鱼最好的朋友呢？

这样提问的方式能引发孩子思考问题，而且能够帮助孩子学习

关于海洋的很多知识。

你还可以跟孩子一起试试往气球里面加上一些水，进而产生不同的画面效果。灌水的气球从不同高度落下后也会印出不同的痕迹来的。创作的材料也不限于气球，随手拿来一个塑料袋，沾上颜色印到瓷砖上试一试，孩子也会玩得不亦乐乎，而且用塑料袋做出的效果浑然天成，形状更加不规则，创作的空间会一下拓展开来。

Frank 老师的贴心话

艺术活动就是能够激发孩子以不同的视角来看待习以为常的事物。比如眼前的气球，我们就要换一种方式来探索，从而激发孩子更多的创意。

这个游戏的要点是不能把气球的气吹得很足。别小看这个瘪瘪的气球，它可是效果非凡呢。鼓励孩子用力地去捏一捏气球，看谁能把它捏碎。孩子会很高兴家长允许他们进行"破坏"式的探索，但以孩子的力气，无论怎样尽力，瘪瘪的气球就是没法捏爆，相反，一个个小小的气球会从指缝中冒出来，一松手，气球便又变成原来瘪瘪的样子，这种体验是孩子未曾预想或体验过的，他们会探索很多次的。

把一只装了很少空气的小小气球作为绘画工具，让孩子切身体会到了如何利用空气压力来作画，这对孩子的手部运动能力提出了很高的挑战。当然了,还可以引导孩子进行更多的探索。比如,让孩子自己尝试对比,涂抹颜色的多少会对画面效果产生怎样的影响？压气球时用力的大小不同又会造成怎样的不同效果？可不可以采取拍打气球、摩擦或刮擦气球的方式呢？除了观察瓷砖表面以外，能不能再看看压过瓷砖后的气球表面有怎样的变化？将气球对着灯光或太阳又会看到什么不同呢？除了瓷砖表面，可不可以在画纸或布上再尝试一下呢？经过这样的探索后，气球将变成孩子手中非常有魔力的画画工具。

第三周 大盒子滚珠画

小鱼游过的轨迹是什么样的

★ 所需用具

大盒子，相应大小的画纸，玻璃球，颜料。

7月 《小黑鱼》

创作过程

① 将画纸铺在盒子中。
② 将小球蘸上不同的颜色，放到大盒子里。
③ 晃动大盒子，看小球滚过的地方都留下了怎样的痕迹。

越玩越出色

　　和球有关的运动永远是孩子的最爱，今天我们要用小小的玻璃球和一个大盒子来完成一幅惊心动魄的作品。

　　因为我们要继续海洋的主题，可以带孩子看看在水里小鱼游来游去，留下了怎样的痕迹，而这个美术游戏就是要让孩子看到运动所留下的轨迹。

　　可以先从一个球开始，看看盒子里只放一个球时，它是怎样运动的？然后，将小球的数量加到两个，再加到三个，逐渐增加小球的数量，试一试有什么样的画面效果。球与球之间的碰撞会带给孩子很多快乐，因为这是可控范围内的破坏活动，孩子在日常生活中是不太被允许进行类似的探索的。

　　我们还可以继续引导孩子做进一步的探索。比如把球在箱子里随意摆放，然后鼓励孩子晃动盒子，看球是不是也在来回滚动？球滚过颜色多的地方和颜色少的地方有什么不同吗？大球与小球，硬球与软球，它们滚动出的效果相同吗？

Frank 老师的贴心话

孩子先要熟悉怎样控制球的运动,然后再把球加上颜色,看它在盒子里面滚动过程中留下了怎样的痕迹和运动轨迹,这会激发出孩子的瞬时记忆力和联想能力。比如很多孩子会联想到汽车轧过路面时留下的车轮痕迹。孩子的精细肌肉也在整个过程中得到了很好的锻炼。

因为球的运动很难预测,所以孩子会更加欣喜于每次都不同的滚动效果。

在游戏开始之前,家长要做的准备工作是跟孩子一起观察"轨迹",帮孩子建立"轨迹"这个概念。可以带着孩子看一看喷气式飞机在天空中留下的喷气尾巴,或者带着孩子观察水滴下落到水面上形成的波纹与涟漪。滑冰场上,优美的冰上芭蕾舞者留下优美弧线,初学者留下跌跌撞撞滑行的痕迹,也是孩子学习"轨迹"概念的好地方。美食中能够观察的也很多:比萨饼拉出的奶酪丝,拔丝地瓜夹起之后的糖丝儿,等等,都是很好的例子。

在观察痕迹的时候,要引导孩子把自己看到的东西描述出来:痕迹是什么形状的?很多条痕迹是怎么叠加的?这既让孩子充分思考与探索,也能够训练孩子的表达能力。

第四周 喷壶与揭印画

让我们来看看海里的小鱼是什么样的

★ 所需用具

喷壶，颜料，各种形状的贴画或自己的剪纸作品，胶棒，画纸。

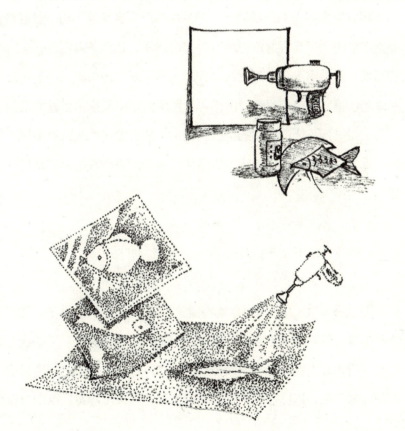

创作过程

① 将选好的贴画或者剪纸作品轻轻贴在画纸上。
② 把不同颜色的水装进喷壶,将画纸喷满。
③ 将粘好的贴画等揭下来,看看作品的画面效果。

将家里面不用的报纸杂志,带图片的广告宣传单(超市的购物指南广告册子就是很好的材料)等拿给孩子,让孩子挑选自己喜欢的图案,然后用安全剪刀把选中的图片剪下来,因为本月的主题是海洋和小鱼,所以如果有鱼的图片,那刚好可以和这个主题联系到一起;如果孩子选的是别的类型的图片,那么家长也应该尊重孩子的选择,并可以试着把孩子剪的图片尽量与海底世界的鱼联系起来提问:

- 这个大汽车能不能在海底开呢?
- 那件衣服小鱼穿上好看吗?
- 海星有五只脚,该怎么买鞋呢?

剪纸完成后,就要用小喷壶装上颜色进行喷画的步骤了。因为喷壶作画的游戏性非常强,最终呈现出的效果也很明显,所以这个活动很容易吸引各种性格气质类型的孩子。最后,之前贴的剪纸或贴画再拿下来,这样他们会看到留白或镂空效果的图案。这也可以算作剪影创作方式的反运用了。当然了,以上三个步骤可以往复循环,孩子可以把新的贴画或者剪纸贴到已经有了颜色的画纸上,然后换另外一个颜色的喷壶进行再创作,然后再揭下来看套色的作品效果。

Frank 老师的贴心话

这个游戏增加了剪纸的环节,同时也可以进行循环创作,这样游戏相对更加复杂,就更需要孩子有耐心,同时也锻炼孩子的对比能力,对记忆能力也提出了不小的挑战。因为孩子要记住前一个阶段的效果是什么样的,也要预测下一个阶段自己想要达到怎样的效果。

如果有的孩子注意力不够集中,玩一下喷壶就不想玩了,那么最好不要用生硬的方式把孩子抓回来,可以告诉孩子小喷壶就是消防队灭火用的水管,需要孩子帮忙喷水灭火才行,这样孩子一般就会继续把注意力集中在喷壶喷水上了。

在游戏中营造一个情境是非常必要的,在游戏中,根据情境扮演不同的角色:消防员、冰激凌小贩、小鱼、小野兽、小树、小草……不要为了游戏而游戏,如果是这样,孩子会觉得游戏本身只是在做手工或者只是在画画,很快就会失去耐心,家长和孩子的兴致都会因此而大受打击。不要忘了自己在跟孩子一起游戏,不要置身事外地把游戏当成任务去完成,家长最好全身心地投入,

时刻准备跟孩子一起满地打滚,一起怪叫扮演小野兽,一起把颜料弄得满身都是,之后神秘地对孩子说:"我是热带雨林的千年古树哦!"这样,孩子能够更好地融入游戏,家长也能享受到与孩子一起游戏的快乐!

Q&A 孩子注意力不集中，画不了很长时间怎么办？

孩子在小的时候，注意力集中的时间本来就不会特别长，有研究表明，孩子分心的程度与年龄成反比：两岁的儿童，注意力集中的时间平均长度为 7 分钟，4 岁为 12 分钟，5 岁为 14 分钟，就算是成年人，平均注意力持续时间也只是在半小时左右。

当然了，这仅仅是从科学调研数据的角度来说明问题。更重要的是，家长要关注孩子在注意力集中的时间里都完成了什么事情。如果一个孩子的注意力集中的时间不长，但是质量很高的话，也不能简单地说孩子的注意力不集中。

另外，认知心理学的研究表明，个体对中等程度的刺激信息最感兴趣，也最能引起注意并保持这种注意。如果刺激信息对个体的智力以及知识经验来说过于简单，没有新的信息成分，那么就不容易引起学习者的兴趣；而信息太过复杂，超出了受众的理解力，不仅会让受众觉得枯燥乏味，甚至还可能产生挫败感。只有当个体面临的刺激信息和问题难度稍微超过自己的能力、经验和知识结构，但又不会超出太多时，才会引起受众的最大兴趣和注意。

所以，家长们需要做的是，尽量把画画的主题变得有趣，变得更加贴近孩子的生活，在画画等美术游戏中穿插孩子感兴趣的元素，同时为孩子创造一些小小的挑战，这样，孩子在艺术创作过程中注意力就会更加集中了。

《失落的一角》

得到了自己一直想要的东西,就一定是好事吗?失落的时候也会快乐吗?要走多少路,才能找到我们自己?生活的这场旅行原来如此美丽……

8月

第一周 剪纸画

制造失落的一角并把它们都送回家吧

★ 所需用具

安全剪刀,各种颜色的纸。

 《失落的一角》

创作过程

① 选自己喜欢的颜色的彩纸,进行多次折叠。

② 用剪刀剪下一部分纸,再把纸展开观察画纸哪里发生了变化。

③ 将纸折起来继续进行创作,最后试着将剪下的画纸再进行拼贴。

家长可以借机引导孩子认识中国传统的剪纸文化。拿出过年时候的剪纸与春联,让孩子获得直观体验。可以问问孩子:

- 剪纸的各花样有什么不同?哪个更好看一些?
- 那些镂空的花纹究竟有什么象征呢?

当孩子自己动手剪下来一些碎纸的时候,家长也可以适时引导孩子玩玩拼图游戏,因为剪下来的小纸块同样可以以拼图的方式还原到原来的剪纸图样中去。

引导孩子对比观察折叠次数的多少决定了剪纸哪些因素的变化。也可以引导孩子思考和实践一张纸最多能折到多少次的时候就不能再折叠了。

剪纸过程中也许会发生一些意外的惊喜——剪出的图案并不是孩子原本计划的形状,比如有时候孩子的本意是剪一个大圆圈,结果剪成了两个对称的小圆圈,看到展开后的意外的作品,孩子会很开心的。

家长还可以把民间剪纸拿给孩子来欣赏,让孩子通过不同的剪纸来讲故事,这能够锻炼孩子的语言表达能力和联想能力。也可以让孩子把自己的剪纸作品按照自己喜欢的方式组织排列起来,然后看着自己的剪纸作品,编一个属于自己的童话小故事。

Frank 老师的贴心话

剪纸作为中国传统的艺术表现手法,孩子在日常生活中能经常见到,所以,孩子在创作前,头脑中已经有很多关于剪纸的图像经验了——比如过年时贴的窗花,对联上的图案,等等。

我们常常会发现,孩子很小的时候就喜欢"舞刀弄剪"了,这是孩子探索世界的开始,其实家长不必每次都大惊小怪,只要把剪刀换成安全剪刀就可以了。孩子会用剪刀做出很多事情,亲手把单调的白纸变成各种美丽的图案,会让孩子很有成就感的。

在折纸的过程中,孩子会小心翼翼地完成剪纸前的准备工作。这时,孩子要决定把纸对折多少次,折成什么形状。然后,孩子要利用手中的剪刀,在折痕处或侧边进行剪纸的试验。刚开始的时候可能还不太熟练,但慢慢掌握要领后,孩子便会在好奇心的指引下,不断地展开剪纸来查看画面的效果,有时候会是某种漂亮的图样,有时候则看起来什么都不像。在探索中,孩子会逐渐理解剪纸过程中的玄妙。

当孩子积累了足够多的剪纸经验,掌握了相当的剪纸技巧的时候，他们会开始主动构想一些主题鲜明的剪纸作品了。比如，有的孩子会想把自己的爸爸妈妈的形象通过剪纸表现出来，有的孩子想剪出汽车的图案来，还有的孩子会想剪出某种他喜欢的动物。在此基础上，孩子会不断试验，直到某个符合他想法的形象出现为止。

　　这是一项需要孩子高度集中注意力的高难度艺术活动，能够培养孩子整合头脑中已有的知识和信息的能力，同时，在观察和实践中手眼协调性也能得到很好的锻炼。

第二周 雨滴彩粉画

失落的一角在旅行中所见到的彩色雨

★ 所需用具

广告颜料粉,祈祷一个阴雨天(也可以利用小区或者公园里的喷泉来得到同样的效果),画纸。

创作过程

① 将不同颜色的广告颜料粉撒到画纸上。

② 将画纸放到室外的雨中,观察雨滴打在纸上后颜色的变化以及形成的画面效果。

③ 将画纸拿回来做后期处理,也可以继续或重复上面的创作过程。

下雨啦,下雨啦!这么好的机会,我们为什么不和雨点一起舞蹈,一起画画呢?热爱生活的人,在下雨天都可以玩得如此开心。

如果天气预报说这两天会下雨,家长就可以准备好游戏所需的材料和工具,等到雨天一到,就叫上孩子,一起穿上雨衣,打上雨伞,在雨中体验大自然创作的作品。

如果总是赶不上雨天的话,问题也很容易解决,在社区或者公园的喷泉,甚至可以在家里的浴室进行,用淋浴莲蓬头放一些水出来,同样可以达到下雨的创作效果。

如果家长和孩子都喜欢自己动手,更可以自己动手制造一些颜料粉——用砂纸打磨粉笔,散落的粉笔末就是最好的作画材料。磨粉笔的过程,也是训练孩子的耐心和毅力的过程,这些品质对孩子的未来发展至关重要。用过的砂纸也别浪费,直接放到雨中或者淋浴下,正好让孩子把画纸和砂纸进行对比,进而体会创作材料的质地对画面效果的最终影响。

Frank 老师的贴心话

孩子融入到自然环境中的时候是最容易放松的，孩子的很多潜力会在亲近自然的创作活动中觉醒。同时，经常亲近自然的孩子更容易感受到幸福，更容易捕捉到事物本质，心态更好，也更富于创造力。

选择好自己喜欢的颜色的广告颜料粉，铺在画纸上，来到户外，冒着雨把它们铺在地上。这时可以问问孩子：为什么选择要把画纸放在那个地方？哪里的雨滴更密集一些？画纸上的颜色发生了怎样的变化？能不能听到雨点打在广告颜料粉上的声音？

在雨中，我们还可以做一些其他的实验，比如找一点汽油滴在水洼里，看看有什么效果，孩子会非常惊喜地看到这种五颜六色的光圈，而且会感到你有如此强大的魔力。你可以顺势解释形成这种现象的原因，也可以暂时不解释，只是对孩子说："我是会魔法的超级妈妈（爸爸）啊！"

让孩子对你的崇拜持续一段时间，等到以后再玩这个游戏的时候，再把科学原理讲清楚。这并不会让孩子觉得你在说谎，在年龄很小的孩子心中，父母常常是无所不能的，就算是利用了科学原理制造出的神奇效果，在孩子眼中也是美丽的魔法。

第三周 综合材料拼贴画

不同颜色的失落的角们聚在一起会组合成什么呢

★ 所需用具

各种颜色和材质的颗粒或者碎片（石头、碎布、木头、彩色广告页、废旧包装盒等任何可以做拼贴画的东西），胶水或胶棒，画纸，油画棒。

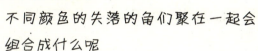

创作过程

① 用油画棒在画纸上勾画出自己想要的轮廓。
② 选用各种材料在轮廓内进行拼贴。
③ 用胶水或胶棒将装饰材料固定在画纸上,之后重复上面的创作。

　　拼贴画英文叫做"collage",是一种非常流行的艺术表现形式,拼贴的材料可以是报纸、布块、广告纸上剪下来的图案等。带着孩子在网上搜索关键词"拼贴画"或"collage",一起看看绚丽的拼贴画世界,你和孩子可能会惊叹:原来那么多东西都可以用作创作材料呢!孩子用线条勾勒出某种形象后,就可以选用不同材质、不同颜色、不同表现效果的拼贴材料,进行搭配和创作了。这时候你可以问问孩子:

● 斑马的条纹可以用什么来表示?妈妈坏了的条纹裙子还是爸爸不穿的格子衬衫?

● 创可贴的外皮那么粗糙,和什么动物的皮肤比较像呢?是大象还是鳄鱼?

● 光亮的饮料广告纸可不可以直接铺在画中的草地旁边,变成一个闪亮的湖泊?

● 我们把汽车杂志上的汽车剪下来,在湖边排列成一个车队

8月 《失落的一角》

吧！小心！可千万别掉到湖里去了！

● 可不可以就把一片叶子粘到画上边，当成一棵参天大树呢？

● 小桥或道路用树枝来粘好不好？高楼大厦可以用自己的小贴画来解决吗？

……

你也可以根据情况创制情境，或者跟孩子一起讨论关于拼贴的更深层的意义。地球是由陆地和海洋拼贴出来的，城市是由高楼和立交桥拼贴出来的，人是由细胞拼贴出来的，生活是由记忆拼贴出来的……

Frank 老师的贴心话

你和孩子要发动想象，仔细审视和思考，把能找到的一切零零碎碎的东西，都创造性地使用上。最后你会发现，原来拼贴的最高境界就是让每种材料都能发挥出最大的价值，这和教育的最高境界何其相似——教育就是让每个人都能成长为自己，发挥出独特的天赋。

对不同材料的视觉效果的掌控，对各种颜色和材质的搭配，这些都启发了儿童最初的审美意识。孩子的审美意识被启发后，再看到各种各样的材料时，头脑中一定会浮现出各种各样丰富多彩的设计。小小的拼贴艺术活动，会让孩子学会该如何调配不同资源，如何进行最完美的搭配。

也许你会问：如果我的孩子只会画圆圈怎么办？没关系，我们把它装饰成漂亮的泡泡吧。从孩子会做的事情开始，一点点引导孩子，渐渐由易而难，孩子会创作出越来越丰富的作品的。

有时孩子会遇到想画某种事物却不会画的情况。比如，孩子不会画大象怎么办？这时，最好拿着相机去动物园，让孩子亲自动手给大象拍照。然后把照片冲洗出来，让孩子凭着回忆及自己拍出的照片来创作，当然了，这仅仅是从造型的角度来解决孩子创作中遇到的困难。至于下一步，色彩和质感的问题，就可以选择拼贴的方式来解决了。大象的皮肤有点粗糙，那就找有粗纤维的布块来试试吧；大象的鼻子长长的，可以用几条长长的不同颜色的鞋带拼到一起试一试；大象的耳朵很大，用妈妈的时尚杂志里的两个漂亮的裙子做耳朵看起来很不错……

为什么一定要让孩子亲自去动物园观察并拍照呢？因为第一手的经验会让孩子有更深的体会，观察力也会得到最好的训练。如果只给孩子看一张别人拍的照片或者别人画的大象的话，孩子的思维会非常受局限。让孩子仅仅去观察不会动的图片，效果肯定是没有观察鲜活的大象本身那么好，这也让孩子在创作中的表达受到局限——别人的作品已经先入为主地成为孩子的评价标准了。所以，让我们带着孩子一起站到与最优秀的艺术家和设计师相同的起跑线上，尽情地抒发和表达自我吧。毕加索不也说过想回到童年吗？

8月
《失落的一角》

第四周 折叠纸扎染画

你是住在哪里的失落的一角

★ 所需用具

画笔，颜料，各种画纸。

创作过程

① 将画纸不断折叠,直到不能再折为止。

② 用画笔在折叠后的画纸上描画,或者把折好的纸的一角浸在颜料里。

③ 打开画纸观察效果,再将画纸折起来,继续上面的创作。

在画纸的选择上,各种类型的纸都可以带着孩子试一试,他们自然就会分辨出不同的纸有什么不同的效果来了。

可以从杂志或者报纸中找一张广告纸,让孩子折一折:

- 汽车的图案是不是被折到了里面?
- 高楼大厦的图片是不是被拦腰截断了?
- 行走的人的图片折过来是不是变成了倒立的?
- 这都是怎么回事呢?

引导孩子探索其中的究竟,可以反复把眼前的折纸拆开再复原,然后让孩子观察折痕,引导孩子思考,能不能把它们再折上或者勾画成不同的图案?

孩子对于这个过程的探索会非常有耐心,无数次地把纸折上再展开,折上再展开,即便是他重复了无数次,你也不要打断他的探索,静静地陪伴着孩子就好了。

8月 《失落的一角》

也可以跟孩子一起折一些具体的物品，比如说小星星、小青蛙或者小衣服之类的，之后再跟孩子一起把这些东西染上颜色，等颜料干了之后，会成为一件让孩子充满自豪感的作品，也是跟孩子一起成长的美好回忆，不过这个就需要游戏之前做点功课了，比如学一些折纸的技术。

Frank 老师的贴心话

如果用宣纸做扎染画，可以按照下面的步骤来操作：将宣纸折了多次以后，再染上不同颜色，孩子从最初的观察到自己亲手探索，再到有目的的试验与尝试，整个过程中孩子都在尝试去理解为什么会染出这样的效果；而且在宣纸打开后，很多孩子觉得还不满意，要再换种方式把它扎起来，继续进行扎染工作，这都是非常值得表扬和鼓励的。最重要的是，孩子的头脑中从此多了一种艺术探索的手段，也许有一天他们会想到将东西折起来或者扎起来进行创造，那么，我们教育的目的便达到了。

软软的宣纸极易弄碎，孩子会非常小心地折叠的。颜色渗透过纸面会产生形状各异的图形来，不同层的纸上图形也各不相同，孩子会一层层打开来观察，然后会相应调整自己加入的颜色的浓度，以便达到更好的浸染效果。

Q&A 父母画一幅画,让孩子照着画可以吗?

家长千万不要以居高临下的姿态去让孩子模仿您的画作。(家长们的典型画作就是:一个圆圆的大太阳,放射着耀眼的光芒;一栋三角形屋顶的房子,还有一扇田字格的窗户和一根不合时宜的烟囱还冒着烟;房前会有一棵大树和一条河,但河里一般不会有船,因为那样太复杂了,家长也画不出来;"技巧"更加高超的家长还会画几只小鸟或者门前的栅栏和草地。)Frank 看过无数家长以这种方式引导宝宝,最后的结果往往是这些孩子的作品毫无想象力可言,而且可怕的是,他们成年后也可能会以同样的方式来教育他们的孩子。

家长的角色应该是引导孩子去观察生活的人。鼓励孩子自己去观察想要画的事物的原型,这样家长和孩子就站到了同一起跑线上,在认真观察后,会画出更加生动传神的作品来。

《鳄鱼怕怕 牙医怕怕》

9月

　　无论是选择了吃完糖不刷牙的鳄鱼，还是选择了医生行业的胆小牙医，选择便意味着要承担责任。小朋友们在紧张和快乐的交替中领略到了生命不能承受之重和生命不能承受之轻！

第一周　牙刷画

这么多黑黑的牙齿该怎么办呢

★ 所需用具

黑色的画纸，牙刷，牙膏或白色颜料。

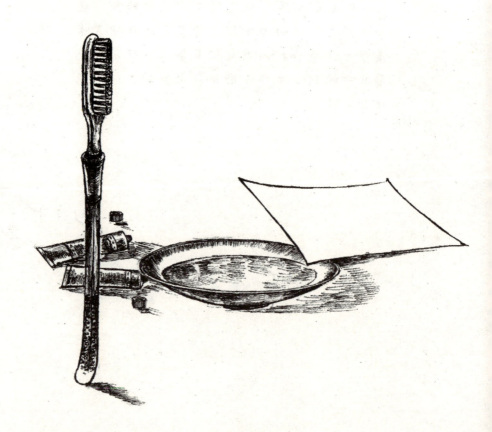

 《鳄鱼怕怕 牙医怕怕》

创作过程

① 将画纸折叠或者剪成黑黑的大牙齿的形状。
② 将白色的牙膏或白色颜料挤到牙刷上，刷在黑色表面。
③ 变化着刷动的方向和力度，观察效果有何不同。
④ 可以多做一些不同的牙齿，鳄鱼的、大象的、宝宝自己的等。

##

　　孩子有没有养成良好的刷牙习惯？如果没有，这是个绝好的教育时机。游戏的宗旨固然是快乐，但如果能同时达到教育孩子的目的，我们何乐而不为呢？游戏中，可以问问孩子：

● 牙齿都是一样的吗？

● 有没有哪颗大一些，哪颗小一些？哪颗长一些，哪颗短一些？

● 我们要不要做一颗大象的牙齿呢？大象的牙齿为什么跟其他小动物的牙齿不一样呢？

● 蚊子有没有牙齿呢？小鸟或小鸡的牙齿长在什么地方？

● 鳄鱼的牙齿有多少颗呢？这么多的黑牙齿，有好多任务要完成呢！

● 鳄鱼吃了什么呀，把牙齿弄得这么黑？

● 牙膏不够用怎么办？用白色的颜料来代替吧！

教孩子 学 不如陪孩子 玩

- 白色的颜料也用光了怎么办？用白色的画纸裁成牙齿形状粘到上边吧！
- 白纸也用光了怎么办……

最后，可以将游戏变成一场"头脑风暴"，跟孩子一起想办法吧，看谁的创意更多！

Frank 老师的贴心话

首先，牙刷带给孩子的抓握经验就与画笔不同，这会带给孩子某种程度上的挑战，非常有助于培养孩子的耐心。等到孩子找到顺手的拿牙刷的方式后，便会进行更进一步的创作了。孩子用不同的方式运用牙刷，或点或刷，甚至也可以用牙刷柄来画画，这些不同的手段会让画面出现不同的效果。

也可以让孩子用牙刷蘸上稀释一些的颜料，采取甩或扔的方式来进行创作。这种运动量比较大，效果比较强烈的表达方式很适合一些"动觉型"的孩子，也就是让家长头疼的那种永远也闲不住的宝宝。"动觉型"的孩子天生要靠运动来体验和学习，他们动起来的过程才是注意力集中的过程，动作幅度比较大的艺术活动才适合他们的学习口味。

精力允许的话，还可以提前用黑纸做成一副大大的假牙，告诉孩子，任务就是用白色的颜料把那些黑色的牙齿都刷干净。这

《鳄鱼怕怕 牙医怕怕》

个过程可以很好地让孩子学习到吃过东西一定要及时刷牙,不然牙齿就会变的和眼前的坏牙齿模型一样,黑黑的。

　　刷牙的声音与此过程中迸溅出来的色彩将会成为孩子不可多得的童年回忆。因为在平时,用牙刷来玩耍是完全被禁止的。艺术就是让我们探索各种常见事物的无限可能性。当我们突破了事物的实用性后,便会找到其背后更加可贵的、我们赋予的精神含义。

第二周 蛋壳着色及拼贴画

看看没有保护好的脆弱的牙齿

 所需用具

鸡蛋壳,胶水,颜料,画笔。

《鳄鱼怕怕 牙医怕怕》

创作过程

① 先让孩子熟悉鸡蛋壳的性状，捏一捏，鸡蛋壳的正反面有何不同。
② 为比较完整的鸡蛋壳上色，在上面作画。
③ 用碎了的鸡蛋壳做拼贴材料，在画好轮廓的纸上拼贴。

越玩越出色

我们可以在游戏之前把蛋壳准备好，也可以跟孩子一起来制作蛋壳。在鸡蛋上面开个小口，把蛋液倒出来，这对于孩子来说是件难度很大的事。如果倒出的蛋液还想留着吃的话，我们可以多帮助孩子一些；如果可以牺牲几个鸡蛋换来孩子对艺术创作过程的深刻体验的话，就让孩子完全自己动手吧，最重要的是保证蛋壳的完整，用来进行接下来的创作。

孩子对倒出来的鸡蛋也会非常感兴趣，这时候应该鼓励孩子摸摸蛋黄，让孩子直接用手来抓一抓，感受一下黏黏的滑滑的感觉。如果孩子想尝一尝也没关系，在孩子品尝之后问问是什么感受。

如果有不够完整的蛋壳，可以跟孩子一起把他们捏碎，蛋壳破碎的声音也会引起孩子的好奇心。有的蛋壳被粘到画面上之后，孩子还会继续挤压，这又会造成更加新奇的画面效果。孩子在这样的创作中会获得极大的成就感。

Frank 老师的贴心话

前面的游戏主题是牙齿,讲到牙齿不好好保护就会黑黑的,是从视觉的角度来呈现的,而这个游戏,我们一样可以把蛋壳和牙齿联系起来,进一步向孩子强调刷牙的重要性:从触觉甚至听觉角度来感受坏了的牙齿,就像是鸡蛋皮一样脆脆的,稍微一用力就会碎掉了。

蛋壳的大小可以由孩子来决定。孩子通过捏、压等方式,改变蛋壳的外观。等到熟悉了这种材料的特性后,孩子会有不同的选择倾向。可以采取碎蛋壳拼贴画的方式,也可以做成立体的雕塑作品。

除了鸡蛋壳,还有很多东西是脆脆的,比如孩子爱吃的膨化食品、薯片之类的油炸食品。我们虽然也可以顺势引导孩子远离这些脆脆的不够健康的食品,但是效果不一定明显,不要在游戏中指望太多,更不要为了教育孩子破坏游戏的氛围,这是本末倒置的做法,在其他的游戏中也是一样。

除此之外,我们还可以找一些贝壳之类的东西,再准备一碗醋,教孩子认识这些东西,之后把鸡蛋壳和贝壳放进醋里,孩子很喜欢看这些东西在醋里冒出气泡的情形,放一会之后拿出来,是不是比没有放进去时更容易捏碎呢?如果孩子表现出了好奇,那就可以给他讲解一下原理了。

 《鳄鱼怕怕 牙医怕怕》

  这个游戏尤其要注意的是，别让孩子误食，若孩子吞下蛋壳或者贝壳还是有一定危险的，所以从这个角度来说，这个游戏不适合太小的孩子。

第三周 眼药水滴画

生病了就要去看医生

★ 所需用具

眼药水瓶或点滴瓶，颜料，画纸。

创作过程

① 将不同的眼药水瓶灌上不同的颜色。

② 控制好里面颜色流淌的速度，将眼药水瓶放在适当高度，让里面带颜色的水自然滴下来。

③ 用画纸接住滴下来的不同颜色的水滴。

④ 可以移动眼药水瓶在纸上作画，也可以通过移动画纸来创作。

越玩越出色

如果没有眼药水瓶或者点滴瓶，可以把气球灌上水彩颜料，注意不要灌得很满，因为要扎出一个或几个非常小的孔，让颜料水流出来，如果灌得太满，扎孔的时候气球会爆的。孩子看到颜料以这种新奇的方式滴出或喷出来的时候，会兴奋地嚷嚷：喷泉、喷泉……

我们这次跟孩子玩的是看医生的游戏，就要创设一个玩具们都生病了的情境，给孩子一点启示，不同的小玩具生病了要用不同的药水，要打不同颜色的点滴。还可以就势跟孩子一起编一些小故事：

- 小熊得了什么病？消化不良吗？
- 小狗狗呢？为什么它总打喷嚏呢？
- 它怎么会着凉了呢？是不是晚上睡觉没有盖好被子？
- 看，米奇好起来了，他正在对你说谢谢呢！

点滴或眼药水滴画，我们可以移动药水瓶，也可以保持药水瓶

的位置不变,通过移动画纸来创作图画,孩子在这些尝试中会有不同的体验。

Frank 老师的贴心话

这个游戏对孩子和家长来说有两方面的收获——提升孩子的手眼协调能力,减轻孩子对看医生的恐惧感。

这个游戏可以很好地训练孩子的手眼协调能力。动静相宜的环境提供了非常好的锻炼机会,特别是在药水瓶不动,只移动画纸的时候,这与孩子平时移动画笔作画恰好相反,是孩子平时不经常进行的活动,新奇而有一定的难度,当孩子把颜料水滴到纸外面的时候,也不要责怪孩子,更不要苛求孩子画出多么规整、多么漂亮的图案。

这个过程也是对孩子色彩搭配的考验,孩子的审美概念还没有完全形成,无论怎样搭配,都是孩子的智慧结晶。药水瓶的高度和颜料水的流速变化会产生不同的效果,这一系列的因素都会在创作过程中呈现出来,孩子会通过对作品的观察和总结获得经验,从而利用这些经验来做出自己想要的效果。

流动的色彩,一滴一滴,生命般的从容,孩子要学会如何移动画纸来接住自己想要的颜色也能领会更深层次的理念——生活有时候需要我们去接受一些东西,并有义务把"接受"变成一幅美丽的图画。

《鳄鱼怕怕 牙医怕怕》

每个孩子对医院都有着天然的恐惧,把让孩子感到恐惧紧张的医院元素变成快乐的游戏元素,可以在一定程度上减少孩子对医院的恐惧。虽然孩子不一定会因此完全不惧怕打针吃药,但是我们可以通过巧妙地解释为什么小动物会生病,生了病为什么要看医生,为什么要打针吃药,来向孩子传递"看医生是非常正常的事情"这样一种观念。

这会是一个有趣的结合,如果活动做得好的话,那么孩子以后去医院的时候会减少很多恐惧的,因为孩子已经意识到,点滴瓶原来也这么好玩啊。

第四周 自由落体画

医生，我有恐高症

★ 所需用具

可以做自由落体的小物品（不会摔碎，或因碰撞而产生安全隐患的物品），颜料，大画纸。

9月 《鳄鱼怕怕 牙医怕怕》

 创作过程

① 选择一种物品,做自由落体运动。
② 给选好的物品涂抹好颜色。
③ 选定好适当的高度,放手让物品自由下落到画纸上,留下印记。
④ 选择另外的几种物品,重复③的动作。
⑤ 观察纸上的各种颜色和形状的印记,进行绘画创作。

 越玩越出色

　　准备好颜色和画纸,我们一起来动手进行自由落体画的探索吧,让我们看看速度这个抽象概念是如何展现在色彩和碰撞中的吧。

　　任何年龄段的孩子都对这个游戏非常痴迷,因为各种事物都是可以尝试的:圆圆的饮料瓶、方方的酸奶盒、奇形怪状的石子、贝壳、玩具汽车……都可以成为自由落体。

　　等孩子把涂上色的物品做完"自由落体"之后,还可以让孩子找一找哪个是饮料瓶留下的痕迹,哪个是酸奶盒留下的痕迹,哪个是宝宝的玩具汽车砸出的痕迹,哪个是一弹一弹的橡皮留下的痕迹,哪个是尖尖的笔留下的痕迹……还可以跟孩子一起尝试,看看一块手帕落下来是什么样子,一团毛线呢?

　　我们还可以选择一种物品,依次在不同的高度做自由落体试验,看看不同高度的痕迹有什么不同。比如,可以把孩子特别喜欢的一个小皮球涂上颜色,引导孩子慢慢发现下落的高度不同会在纸上留

下什么样的不同印记,我们还可以变换画纸的位置,比如跟宝宝一起比较一下,画纸放在地砖上、地板上、地毯上、户外松软的泥土上等不同性质的地面上,皮球在上面留下的印记有什么不同。

还可以把宝宝的小手小脚丫涂上颜色,爸爸妈妈帮忙,让宝宝从沙发上跳下来,落在画纸上看一看这个特殊的自由落体运动的效果是什么样子的。这会让孩子兴奋不已,因为控制自由落体和自己成为自由落体感受是完全不同的。

当然,爸爸妈妈还可以做更多的事情把孩子带入快乐的游戏中——像宝宝一样,自己也做一回自由落体!当然,只要把手掌上涂上一点颜色就好了。或者你可以问问宝宝:"要是爸爸(妈妈)做自由落体的话,会怎么演呢?"可以引导孩子画个彩色的人影图,大小都无所谓,主要是给孩子一个想象和观察的机会。

Frank 老师的贴心话

这是冲击力比较大的活动,在保证安全的基础上,要让孩子体会到速度与碰撞带来的感受。这个游戏的原则是,只要作为自由落体不会造成危险或灾难性后果的东西都可以拿来试一试。艺术所探讨的无限可能性在这个活动中再次得到了完美的体现。

另一方面,在不断的尝试中,孩子的专注力和耐心都得到了锻炼,孩子会主动地探索如何控制落体的运动,以制造自己想要的画面效果。给物品涂颜色是锻炼孩子专注力的好机会,在孩子非常用心地涂色的时候，千万不要打扰孩子，耐心地等孩子把所有的东西涂完；不断地尝试让物品自由下落的过程，也挑战了孩子的耐心。如果孩子在这个过程中显得不是那么有耐心，家长也不必担心，少试几次也就可以结束游戏了。

不同的孩子会对不同的游戏表现出热情，有的孩子喜欢涂颜色这个环节，有的孩子喜欢"自由落体"的过程。不是孩子自己喜欢做的、孩子没有足够耐心做下去的环节，家长或通过引导或者给予帮助，不必苛求每个环节都尽善尽美。

这个游戏之后，如果有机会，可以带孩子一起观测流星。流星也是一种自由落体，可以跟孩子讨论一下，为什么流星会滑落？为什么有的星星不会？是不是某个人的愿望太多了，把星星从天上压下来了？

Q&A

我想带着孩子去户外画画，应该准备哪些东西？

需要从"硬件"与"软件"两个角度来准备。"硬件"是大家比较熟悉的，比如说画笔、画纸、颜料、画夹等。这方面准备起来其实不算复杂。最重要的是"软件"方面，这方面准备的好坏直接决定了出游画画的质量。

例如，要带孩子去动物园画画，首先，要为孩子描述这次出游将要去的地方，让孩子对动物园有初步的概念，并在地图上为孩子做好标注；其次，要让孩子先自己想象一下动物园里都会有什么动物，然后再找出与动物有关的书带着孩子一起来看，与孩子一起提前制订一个参观计划，大概设想一下，先看什么动物，再看什么动物。做这些准备的过程，就是让孩子学习如何进行目标和时间管理以及统筹规划，这在未来将对孩子有巨大帮助。

另外一个重要的东西就是相机，条件允许的情况下，为孩子买一个儿童用相机，这样孩子就会学着以自己的视角来观察和记录了。如果孩子没有自己的小相机，那么大人也要手把手地教孩子，然后让他们自己亲手拍下一些照片。在日后的创作过程中，可以让孩子看着照片，回忆起当时的情景，这为未来孩子的创作埋下了伏笔。

《我爸爸》&《我妈妈》

孩子早期与父母建立的亲密关系将决定他们对他人及世界的看法，养育一个孩子要举全家之力，我们就从家庭环境这个最重要的因素入手吧。

10月

第一周　服装雨衣涂抹画

爸爸妈妈成了我们的模特啦

★ 所需用具

旧衣服，旧报纸，一次性雨衣，雨伞，颜料，画笔。

10月 《我爸爸》&《我妈妈》

创作过程

① 家长穿好旧衣服或雨衣,也可以用旧报纸粘贴成"衣服"。
② 家长与孩子沟通后摆好造型。
③ 孩子用画笔和颜料来装饰爸爸妈妈。
④ 也可以撑起雨伞,让孩子在雨伞上作画。

越玩越出色

这一次要玩的是艺术与创意的暴风雨,孩子会充分地发挥自己的想象力,让暴风雨来得更猛烈些吧!

穿上准备抛弃的旧衣服或者一次性雨衣,再或者是旧报纸粘贴成的"衣服",然后让孩子来一次疯狂的图画活动吧!你最好能首先进入角色,比如:

- 快来啊小宝贝儿,我是棵老槐树!
- 我的树枝可不可以有不同的颜色呢?我的树枝是五颜六色的!
- 我希望我的树杈上有个大大的鸟窝!
- 我还想开花!我还想结果!

如果用雨伞,你可以问问孩子:

- 撑开的雨伞像什么呢?
- 是一个大鸟窝吗?
- 还是一只大花朵?

- 或者是直升飞机旋转的螺旋桨？

通过这样的交流，更好地让孩子进入情境，也给了孩子一些创作提示。

Frank 老师的贴心话

一直以来，家长扮演的都是艺术创作的陪伴者和游戏的参与者，这回家长要做创作对象了！当你穿上一次性雨衣，孩子可能会要求你扮演任何东西，不一定是大树房子那么简单。这时，你必须变成孩子所要求的任何东西，而且要进入角色，说点什么配合一下。所以，你最好在这之前有个热身的过程，想象一下孩子有没有什么特别喜爱的玩具或是其他事物，如果他请你扮演这些东西的话，你要说些什么，创制一种什么样的情景。

孩子的运笔会在大人的身体关节处遇到挑战的。比如肩膀与胳膊连接处就很难画——九十度的大转角，胳膊的平面本就狭小，因为衣服还有褶皱而凹凸不平。能让孩子一直坚持下来的这种专注力是很难能可贵的特质。

活动过程中，你也可以适当地动一动，给孩子制造一些小小的麻烦，或者提出点有难度的要求，这样孩子会试图跟你沟通，告诉你别总乱动，或者说明你要求的难度是他达不到的，跟你"讨价还价"，这也是锻炼孩子沟通能力的好机会。

10月 《我爸爸》&《我妈妈》

第二周 干湿粉笔画

爸爸的爱和妈妈的爱有什么不同吗

★ 所需用具

砂纸，粉笔，水。

创作过程

1. 用干粉笔和湿粉笔分别在砂纸上画画。
2. 用吹风机或其他方式将用湿粉笔画的画弄干。
3. 引导孩子观察画面的不同，可以重复以上游戏过程。

越玩越出色

如果你的家里有小黑板的话，孩子平时一定经常用粉笔在黑板上画画，而用粉笔在砂纸上作画应该是从来没有过的。你可以引导孩子对比一下在两种不同介质上作画的感受，顺带也可以介绍一下砂纸的性状和用途。

游戏开始前要准备好砂纸和各种颜色的粉笔各两份，来进行干粉笔画和湿粉笔画的对比。除了用粉笔以外，还可以带着孩子用蜡笔、彩色铅笔或者水彩笔分别试一试，不同的画面效果会让孩子有不同的感受的，引导他们把这些不同的效果都说出来，表达清楚，问问孩子更喜欢哪一种。

你还可以把砂纸裁成各种各样的形状——圆形、方形、三角形、椭圆形等。然后让孩子涂抹成圆圆的西瓜、方形的电视、三角形的风筝或椭圆形的鸡蛋，还可以让孩子来决定剪成什么形状，换成什么东西。

这个游戏还可以反过来玩，找一些废旧报刊的广告页，比较厚的那种，然后用砂纸当做粉笔擦一样的绘画工具，在原来画面上有图像的地方摩擦几下，画面会呈现特殊的效果的。这时可以给孩子讲讲砂纸的用途，如果孩子有兴趣，一起去找找家里有没有需要用砂纸打磨的地方，大家一起来劳动，也是很好的事。

Frank 老师的贴心话

让孩子听一听用砂纸摩擦不同东西的声音，这也是个很好的训练艺术敏感性的方法，因为孩子将学会从新的角度来感受事物的性质。

用干粉笔和湿粉笔作画，不只是画面效果不同，而且在画纸上遇到的阻力也不一样。这些微妙的体验都是那么的不为人所觉察，但是又对孩子深入体验这个世界是那么的重要。

时间是个神奇的东西，它教会了人们很多道理。但在时间的作用下，从不同的效果又变成了相同的样子，就像爸爸妈妈对孩子的爱一样，表现形式是不同的，但目标与结果都是一样的。孩子看到如此神奇的变化会惊喜不已的。孩子最乐于看到变化，这也是他们认识世界的途径。

第三周 彩色纸筒剥画

将爱一层一层缠绕起来吧

★ 所需用具

废弃卫生纸卷里面的纸筒，广告纸，彩纸，胶水。

10月 《我爸爸》&《我妈妈》

创作过程

① 将搜集到的废纸一层层粘到卫生纸筒上。
② 粘到足够的厚度后,再一层层撕下来,进行彩色纸筒剥画创作。
③ 跟孩子一起观察撕下后的地方纸的层次和颜色变化。

越玩越出色

用过的卫生纸的纸筒是这次美术游戏的最重要的道具,当然了,用其他圆柱形的东西也可以,比如饮料瓶、纸杯等。

首先,要先鼓励孩子搜集生活中的废旧报纸或广告纸,然后把搜集到的花花绿绿的纸粘到卫生纸筒上去,一层一层,犹如生命的年轮般,等到缠得差不多和一卷新的卫生纸一样厚度的时候,再将上面的纸一层层撕下来。

家长跟孩子可以一起制作,一人一个纸筒,来一场彩纸筒剥画比赛。注意了,不是比谁粘得最快,而是比谁粘得最用心、最结实。可以在游戏中引入这个情境:这些纸筒感觉特别冷,我们要帮它们穿上很多的衣服。等各种各样的"纸衣服"都穿到了纸筒身上后,告诉孩子纸筒又感觉到特别热了,我们帮它们赶快脱掉"衣服"吧。

撕纸筒的过程中,要引导孩子仔细观察效果,纸筒上面残留的效果,撕下来的彩色纸片的形状,适时引导孩子根据眼前的状况引发联想。也可以告诉孩子,纸筒穿上了漂亮的衣服正在舞会上跳舞呢。

Frank 老师的贴心话

这一次，我们还是要从身边最常见的事物开始，探索它们的无限可能性，发现它们从未被开发过的功用。

用光的卫生纸的纸筒，是再普通不过的一种废品，我们就从它出发，看一看这次艺术之旅会取得怎样的辉煌战绩。

可以鼓励孩子把自己制作的彩色纸筒和其他的卫生纸卷摆放到一起，进行一下视觉上的对比试验。相信孩子一定会有不同的感觉的，因为那毕竟是一卷自己亲手缠绕，独一无二，倾注了心血的一卷"卫生纸"啊。另外，孩子也会开启观察之窗，留意到将平常熟视无睹的卫生纸在和异类"卫生纸"对比之后，两者的区别更加凸现出来，世界好像也因此被重新审视了一番。

创作的过程颇富有禅味，即让孩子一层层地把自制的彩色纸筒上的纸分层次撕下来。过程中能够形成各种各样无法预测但很美妙的视觉效果，这些随机出现的效果会与孩子头脑中那些美妙的想法相结合，整个过程会不断促发孩子进行更加深入及细微的思索，进而进入一种精力高度集中的创作状态。虽然孩子还不太会表达，但从他们专注忘我的眼神、细微谨慎的动作中，我们便知道这个艺术活动从孩子身上所激发出来的是一种多么宝贵的品质啊。

当然了，孩子在活动过程中会进行一些别的尝试，比如往撕了一半的纸筒上继续缠纸，或者将撕下来的彩纸又粘回去，无论怎样，这都是孩子的自主思维过程，都是需要我们去称赞和鼓励的。

10月 《我爸爸》&《我妈妈》

第四周　磁铁的魔术画

看不见，却真实存在的爱

★ 所需用具

磁铁以及铁制小道具，颜料，画纸。

创作过程

① 将各种小道具混合上颜色放到画纸上。

② 将磁铁放在桌子底下移动，观察哪些小物品在移动，在画纸上留下了怎样的痕迹。（桌子最好不要太厚，不然没法让铁质小物品移动。）

③ 再利用两块磁铁之间的排斥力试一试效果。

越玩越出色

将很多不怕颜料浸润的小东西混合摆放到一起，包括铁质与非铁质的东西。然后在上面撒上尽量多的颜料，接着隔着桌子用一块大磁铁在桌子底下来回移动，这时候，孩子会惊异地发现，有些小东西拖着颜色开始移动，有些则没有反应。孩子的好奇心会被极大地激发。接着，可以让孩子自己来掌控一块大磁铁，慢慢进行磁力的实验。

这个游戏可以模拟的场景很多，你可以引导孩子把小小的磁铁想象成汽车，然后用画笔来上色装饰一下，把大块的磁铁当成一栋大楼，当然也需要好好装饰一番。装饰材料除了用画笔以外，还可以把小贴画粘到上面。所有的准备工作做好以后，就来开始我们的魔术表演吧，我们可以让小汽车跳舞，可以让大楼移动。

还可以鼓励孩子拿着磁铁到家里各个地方去"勘探"一下，看哪里有铁质的东西，哪些东西吸得牢固，哪些东西吸不牢。注意不

10月 《我爸爸》&《我妈妈》

要让孩子用磁铁靠近电器或者精密仪器，以免造成不必要的损失。

Frank 老师的贴心话

大自然有其固定的运作法则，即使我们看不见，但我们也要尊重它。即将进行的艺术活动将为孩子展现神奇的磁力效应。

这个游戏是给孩子讲解磁力和磁场的绝佳时机，无论是地球的磁极还是家里的磁铁，都可以解释，但是一定要注意创设情景，用讲故事的方式来讲解，不能变成单纯地灌输知识。也许你不经意间的讲解，会激发孩子对科学的兴趣，去探索更深广的科学世界。

在探索磁力和磁场的时候，可以跟孩子一起进行磁铁撞击游戏——每个人控制着一小块磁铁在桌子上移动，然后相互撞击，看会发生什么样的情况？通常是一块被另一块给粘住，然后游戏就变成了父母与孩子争抢着一大块磁铁的"另类拔河"游戏了。如果是相互排斥的情况，我们还可以把这个游戏发展成"让我们拥抱吧"游戏，用尽全力控制磁铁，可是因为同极相斥还是没办法靠近，"拥抱"变得很难。

当然了，我们也可以让孩子尝试一下升级版的挑战——用两块磁铁的同极排斥的力量来做驱动力，画出另类的画作。

Q&A 我的孩子很胆小,还爱哭,通过艺术活动的方式能让他勇敢一些吗?

艺术本身就是人们表达情感的一种方式。所以,在孩子难过的时候,可以以此为主题,与孩子一起创作。比如,问问孩子如果一棵大树伤心了该怎么画?会不会掉叶子呢?一片云彩伤心了,会不会下雨呢?如果宝宝伤心了,会不会哭呢?等到伤心过了又该是什么样呢?大树长出新的叶子,云彩飘到了高空,小朋友又高高兴兴地去做游戏了。

将一些抽象的感情因素,比如恐惧、伤心等具象地表达出来,孩子的情感找到了释放的出口,再次遇到类似的问题也会学着自己处理,从而渐渐会变得更加勇敢。

《大卫，不可以》

我们都是在"不可以"声中，完成对世界的探索的，所不同的是，我们是否带着爱去探索，唯有爱才可以让我们更加善于创造，也更富有生命力。

11月

第一周 萝卜印章及土豆泥雕塑

大卫，不可以玩吃的

★ 所需用具

大个的萝卜及土豆，颜料，画笔，牙签，画纸。

11月 《大卫，不可以》

创作过程

① 用牙签在切开的萝卜及土豆的横截面刻画不同的线条印迹。

② 蘸上颜色，在画纸上印出不同的图案来。

③ 把土豆蒸熟，捣成土豆泥，自由捏出不同形状的土豆泥雕塑，还可以涂上颜色。

越玩越出色

我们这次要考察的是事物的横截面，看一看哪些材料能拓印出效果很好的作品来。

首先，要拿出我们今天的艺术材料，也就是我们生活中最常见的一些蔬菜。再拿出牙签或能制造划痕的工具，然后就开始创作我们的印章吧。

● 每天按时睡觉应该奖励一个什么样的印章呢？呼呼大睡的考拉吧！

● 吃过甜食自觉刷牙应该奖励一个什么样的印章呢？一把大牙刷吧！

● 高兴的时候要用什么样的印章？难过的时候呢？兴奋的时候呢？失望的时候呢？

……

总之，印章的世界如此多彩，我们可以引导孩子把自己丰富的

内心世界通过这个艺术活动进行最充分的表达。

萝卜拓印的形式玩倦了没关系，我们还有土豆泥雕塑呢！把硬硬的土豆蒸熟了，作为软硬适中的可以用来塑形的材料。然后就依照着土豆的形状进行创作吧。也可以继续在上面加上颜色。也可以引导宝宝把刻好的萝卜印章印在土豆泥上，看看留下了什么样的凹凸印记，再给这些印记涂上颜色，这样这一个游戏中的两个作品就结合得天衣无缝了。

最后，在征得了孩子的同意后，我们可以把没有用完的土豆做成一道美味的菜肴，这就真的上升到了多感官的层面了，我们已经从视觉、触觉、嗅觉、味觉等各个角度探索了"土豆先生"。

Frank 老师的贴心话

在游戏刚开始的时候，如果孩子说自己不会刻章怎么办？这时候家长要善于引导。家长要首先开始在萝卜上刻画，把孩子带入游戏的氛围，而不要责备孩子，也不要纵容孩子逃避挑战，改玩别的游戏。在其他的美术游戏中也一样，如果孩子有畏难的情绪，我们应该科学地引导孩子对游戏活动产生兴趣。

在孩子的早期教育中，我们应该鼓励和引导孩子自己去探索，而不是遇到事情第一时间想到找大人帮忙。当然，也有的孩子有避免失败的倾向，为了不犯错，他们宁可找大人代劳，或者不经过实践而想直接得出正确结论。这两种倾向都需要家长们警醒。通过这次艺术活动我们要培养孩子独立自主的探索精神，敢于尝试，勇于承担失败，坚持不懈做一件事情的精神，这些都是孩子未来发展最珍贵的核心品质。

现实的世界给孩子设定了过多所谓的"规范"——也就是评价孩子做得好坏的标准。这种限制往往会扼杀孩子的好奇心，也变相阻止了孩子发掘自身的潜力。

在教育孩子的过程中，鼓励孩子积极探索带来的益处往往比禁止孩子做这做那来得多。而如何打破对孩子来说不该有的限制，也是艺术活动的重要指向之一。那就让孩子自由地刻画吧，总会有某种痕迹是符合孩子内心的想法的。然后，孩子会继续实践，直到最后出现了属于自己的一套符号系统——文字曾经也是这样诞生的。

这个活动可以和生活中其他的教育项目结合起来，比如为了表彰孩子能够按时上床睡觉，我们可以专门雕刻一个小印章，每次表现好的时候就可以印一个小图案上去。

这个表扬的权力也可以分享给孩子，让孩子给爸爸妈妈颁奖，爸爸妈妈哪些方面表现好可以得到印章奖励？是妈妈能够每天坚持给孩子讲故事吗？还是爸爸每周都会陪孩子到户外去玩？这样，利用这个游戏，通过印章的奖励，传递了家长对孩子的期望，也能够在孩子给爸爸妈妈颁奖的时候探究出孩子内心的想法。

第二周 水面滴蜡画

大卫，不可以玩火

★ 所需用具

不同颜色的生日蜡烛，水，画纸，颜料，画笔。

11月 《大卫，不可以》

创作过程

① 点燃蜡烛后，将蜡油滴在水面上，关注蜡油不断滴下形成的形状。

② 将画纸上面也滴上同样的蜡油，比较滴在水中和滴在画纸上蜡油画有什么区别。

③ 用画笔蘸上颜料，涂抹到画纸上，特别观察一下刚刚滴过蜡油的地方。

越玩越出色

孩子对于蜡烛的最初印象来自生日，我们可以通过跟孩子一起回忆过生日时的情景引出游戏，开始我们的蜡滴画，这样，可以实现跟孩子实现非常好的情感互动。在用蜡烛的时候，你可以适时地问问孩子：

- 插蜡烛的数量究竟代表着什么？
- 谁一岁了？玩具小熊吗？
- 谁两岁了？毛绒小狗狗吗？
- 谁三岁了？是宝宝吗？

……

找一个大小适中的容器，里面盛上适量的水；再拿出不同颜色的生日蜡烛，找爸爸帮忙点打火机，引导孩子观察燃烧的蜡烛与流淌的烛泪的关系。这个活动一定要在保证安全的情况下进行。

蜡烛滴在水里会有非常好听的声音，孩子也许会非常敏感地捕捉到这个情况，也可能没有注意，家长最好能引导孩子一起仔细听听这美妙的声音，并比较一下蜡滴落在水中的声音和落在纸上有什么不同。另外再看看每次滴落的蜡滴在水中形成的形状都是圆形吗？让孩子去思考，如果想要其他形状，可以想些什么办法呢？

蜡滴落在纸上时会飞溅，形成很好的画面效果，等蜡油凝固以后，跟孩子一起摸一摸，感受一下他们自己滴下去的蜡。接着用画笔在纸上涂颜色，看看有蜡油的地方着色是什么样的，跟孩子一起探索为什么有蜡油的地方着色不好。

Frank 老师的贴心话

表面上不相容的东西，如果它们能以某种完美的方式结合，就会创造出奇迹。比如火与水，水与油，融化与凝固，燃烧与熄灭。

滴淌的蜡烛泪滴落到水面上，会漂浮在水面上，很像雪花的样子，看起来非常美丽，孩子一定会为之欢呼的。

试验了水面，让我们再来看看蜡烛滴在画纸上是什么样子吧。同样的滴落高度，纸上形成的效果与水面上又不太相同。一个是漂浮在水面，一个是凝固在画纸上。再来尝试两只手各拿一支蜡烛，同时滴洒，看又有何不同？

孩子会尝试着更好地控制自己的动作，以便使蜡烛滴到自己想要的地方，形成自己喜欢的画面效果。在游戏的最后，还可以鼓励孩子用画刷把喜欢的颜色涂抹到已经滴了蜡烛的地方，孩子会发现有蜡烛痕迹的地方并不受水彩的影响，而且颜色会自行向边缘扩展聚集，形成别致的效果。

　　孩子还可以感受到火的样子，这也应该是孩子第一次在可控范围内玩火的经验了。感觉到火的温度，感觉到软软的蜡烛，感觉到烛泪滴落的声音，感觉到燃烧的味道，触摸到更深层次、更敏感的生命的力量。

第三周 吸色画

大卫，快把颜色吸干净

★ 所需用具

宣纸或吸水纸，颜料，大块塑料布。

11月 《大卫,不可以》

创作过程

① 将颜料水小心地倒在塑料布上,拉动塑料布,观察其中水的形状变化。

② 在不断变化中选定喜欢的图案,用吸水纸将颜色吸附上来。

③ 将吸水纸折叠后继续尝试,形成扎染效果。

越玩越出色

引导孩子仔细观察颜色在塑料上是怎样慢慢流动的,颜料因为塑料布受力变形而迅速变化出不同的图案来,这时要提醒孩子,看到自己喜欢的图案就要赶快捕捉到,不然一会儿颜色就会慢慢变干。

除了用画纸来拓印塑料布以外,也可以把一大张画纸铺好,然后爸爸妈妈与孩子轮流把自己涂抹好的塑料布贴到画纸上,拍一拍做成一幅拓印图案,最后掀开塑料布,对比一下每个人的作品,看每幅画都有什么特色。

Frank 老师的贴心话

如果颜色静静地躺在那里,我们该怎么办?对了,唤醒它们,让它们跳舞，唱歌，融化，变成新的生命。于是，这个吸色画的艺术活动应运而生。

艺术让我们尝试一些从来没有尝试过的事情，艺术让我们打破一些从来没有想过要去打破的界限。当然了，一切的尝试或打破都该是积极而审美的，令我们重新审视这个庄严而美丽的世界。

那么，就把颜色倒在一个叫做桌子的平面上吧，然后让其恣意流淌，在某时某刻，在孩子觉得它已经变得足够美丽的时候，取出一张吸水纸或者宣纸，覆盖在颜色的表面，看着颜色是如何一点点蔓延并浸润了面前的这张纸的。这很像是扎染的过程，所不同的是，扎染一般用的是布料，而我们这次用的是吸水的宣纸。

当然了，生活中的第一次尝试很可能不成功，这次的彩色吸画也一样，很多孩子第一次做出的基本上都是一个揉搓过的彩色纸团而已。不过没关系，艺术的创作是允许人们犯错误的，更何况是那么小的孩子。

多次的尝试后，孩子会找出吸色规律，然后不断换纸，不断加颜色，不断唤起头脑中关于颜色的造型的想象。可能会想起妈妈漂亮的裙子、上次去动物园看到的彩色气球、或者是过年的时候看到的烟花等。无论如何，把色彩邀请到自己的画纸上，把创意邀请到自己的头脑中，把美丽的想象邀请到自己的内心中，就会创造出最美丽的世界。

11月 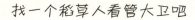《大卫，不可以》

第四周 填塞稻草人

找一个稻草人看管大卫吧

★ 所需用具

稻草（尽可能用真正的稻草），旧衣服及裤子（最好是孩子的，不然稻草会不够用），扣子，草帽。

创作过程

1. 将选好的衣裤立在架子上，然后用稻草填充。
2. 给填充好的稻草人做出头部。
3. 给填充好的稻草人把眼睛加上。
4. 可以依样再做个配套的小稻草人，或者稻草做的小动物。

稻草人做成什么样子的比较好呢？可以带着孩子一起看看书里的经典稻草人的形象是什么样子的，然后让孩子主导，看稻草人做成什么样子的才能很漂亮。可以跟孩子聊聊：

- 如果烈日炎炎的话，稻草人怎么办？给他做一顶帽子吧。
- 如果小鸟啄他该怎么办？给他做一套结实的衣服吧。
- 如果稻草人想他的爸爸妈妈该怎么办？给他做一部电话吧。
- 如果稻草人想养个宠物的话，会不会也是稻草做的呢？

如果家长可以提出很多有创意的问题，孩子听到后就会开始思考并且尝试给出同样很有创意的答案。

这个活动最好能在户外进行，特别是在有农田的郊外，在稻草人制作完成之后，最好能给孩子讲个跟稻草人有关的故事，这样这个美术游戏就可以完美收官了。这也是一个跟孩子一起到户外游戏的好机会，千万别错过！

11月 《大卫，不可以》

Frank 老师的贴心话

孩子是否厌倦了电动玩具？是否厌倦了太多的成品？是否厌倦了插电的演出？带孩子一起回归到本真的状态吧，让稻草人带领我们回到童话的世界里。城市里已经不再有稻田，现代的稻田也不再需要稻草人了，只有在童话故事里才能找到这个经典的形象。为了带给孩子更多的真实感和乐趣，我们这一次就直接取用孩子自己的旧衣服来做稻草人。

也许在我们告诉孩子要做个稻草人这个主意的时候，孩子就已经跃跃欲试了，孩子会很急切地在自己的旧衣服里挑选，看看哪些可以给稻草人穿。是啊，这可是真的稻草人啊，穿着自己的衣服的稻草人那该有多酷啊！

孩子很容易就会把穿着自己的衣服的稻草人和自己同化起来的。他们会把自己想象成稻草人，"同理心"的培养可以在这个过程中得到非常好的体现。家长们可以一边与孩子填满稻草人，一边问问孩子："稻草人晚上害怕怎么办？稻草人站在田地里究竟有什么作用？稻草人吃什么？"孩子会想尽办法来回答一些他们感兴趣的问题的，因为稻草人此刻已经成了孩子自我的投射了。

填塞稻草的过程中，也可以让孩子来主导。问问孩子，从哪里开始填比较好？哪里需要的稻草最多？这些简单的提问会带给孩子智慧和最本质的思考。

Q&A

我的孩子性格孤僻，不爱和别的小朋友玩，整天缠着妈妈，如何通过艺术活动的方式让他更独立一些呢？

可以弄一大张画纸，让几个小朋友和您的孩子一起玩，这样既能锻炼孩子的社交能力，又可以让孩子玩得很开心，可谓一举多得。另外，也不能随随便便就用性格孤僻给孩子下定义，也许孩子仅仅是有点害羞罢了，只要能够悉心引导，孩子会勇敢地迈出第一步，对自己喜欢的人或事物进行独立的探索。可以让孩子画妈妈的画像，这样在害怕或想妈妈时，就可以看着自己的画来得到安慰了。

《轱辘轱辘转》

12月

玩耍是孩子的天性，我们该如何在孩子认真游戏的时候潜移默化地开展教育，让孩子在快乐的玩耍中得到成长呢？

第一周 车轮印画

嘀！嘀！嘀！汽车来啦

★ **所需用具**

各种各样的玩具汽车，颜料，大张的白纸。

12月 《轱辘轱辘转》

创作过程

① 固定好大白纸后,让玩具小汽车在上面试跑一下。

② 给小汽车的车轮涂上颜料,从纸上面开过。多拿几辆小汽车,重复前面的过程。

③ 认真观察彩色车轮印,鼓励宝宝观察各种印迹之间的相同点与不同点。

本周游戏的主题跟小汽车和其他交通工具有关,尤其适合疯狂地爱汽车的男孩子。男孩子对汽车的热情是与生俱来的,通过这次游戏,能够给孩子对汽车的热情赋予更多的创意。在这个游戏中,我们也可以创造很多情境:

- 消防车、警车、救护车的声音都是什么样的?
- 这辆车好旧啊,我们给他刷上颜色好不好?
- 大货车能装多少货物呢?
- 汽车没油了怎么办?汽油是什么颜色的呢?
- 雨停了,车上好多泥,我们去洗洗车吧!

这时候你和孩子都可以扮演很多角色,消防员、急救医生、洗车房服务员、加油站服务员、车辆喷漆工人……

有想象力的小艺术家们也许会尝试几辆车一起开动,来看会有

什么效果；有的孩子还会故意制造小汽车的碰撞，让色彩呈现出飞溅的效果；还有的孩子偏爱制造或交叉或重叠的车轮印。无论哪一种，孩子都会因为看到了车移动的痕迹而颇感兴奋的。

家长一定要事先做点功课，无论是对汽车标志的了解，还是储备一些关于汽车的故事，这些都非常有助于家长增加跟孩子交流的机会，也能够让孩子学习一些知识，更有助于树立家长在孩子心中的权威感。

Frank 老师的贴心话

在本书的游戏中贯穿着的核心理念，就是"回到现实生活"，虽然游戏比较侧重于激发孩子的想象力，同时，就是让孩子把游戏中的所得与现实的生活结合起来，了解真实的世界。

这次的车轮印作画也可以来一次真的车轮印采集。鉴于活动的危险性，家长必须全程提高警惕，全程协作。而且户外采集车轮印的活动，最好是父母两个人共同参与，一个人负责看护孩子，跟孩子讲解，一个人负责实施具体的采集工作。

找一张尽量大的画纸，如果找不到就自己动手，与孩子一起把能找到的最大的纸粘起来拼成足够大的纸——至少要能容纳下一个真实的车轮印的大小。下一步就要出发去找一个合适的路口啦，把纸铺好，等待一辆大车正好轧在大纸上。如果家里有汽车，

12月 《轱辘轱辘转》

也可以用自家的汽车在画纸上压出痕迹，但这对孩子来说这就少了一点对陌生情况的期待和刺激，而不可预知的情况也是艺术的魅力所在。孩子会很自然地产生疑问，为什么车轮印的大小和花纹都不太一样呢？为什么有的车轮印很重，有的却很轻呢？这样我们就有机会跟孩子交流更多的事情了……

第二周 脚印鞋印画

读万卷书,行万里路

★ 所需用具

鞋子,颜料,大画纸。

12月 《轱辘轱辘转》

创作过程

① 每个家庭成员都找来几双自己的鞋子。
② 穿上鞋子在大画纸上踩踏，观察纸上留下的鞋印。
③ 将鞋子踩在选定的颜色上，再将鞋印拓印在画纸上。
④ 脱掉鞋子，跟孩子一起用涂了颜色的脚丫印在纸上试一试。

越玩越出色

　　探索过汽车这种现在最普遍的交通工具后，让我们回到文明最原始的状态中去，那时候人类的交通工具就是自己的一双脚。

　　首先，要挑选出自己最喜欢和最不喜欢的两双鞋，然后分别在鞋底上涂抹不同的颜色，同样的，喜欢的颜色给喜欢的鞋子，不喜欢的颜色给不喜欢的鞋子。最后，在印出鞋印的画纸上仔细观察，看看鞋印的花纹有什么不同。再多印几双自己和别人的鞋印，看看最喜欢哪双鞋子的鞋印？最喜欢的鞋印与最喜欢的鞋可不可以凑成一对呢？原来评判事物的好坏可以有这么多不同的角度啊！

　　每一双鞋都印过之后，可以比比看：谁能创造出最吓人的脚印？创作之前要先带着孩子查看各种动物的脚印都是什么样子的？让他们猜一猜，然后问问孩子他们最喜欢哪种动物的脚印？从每种动物的脚印里能看出它们有几个脚指头吗？

　　这个游戏一个很好玩的尝试就是，让孩子穿上爸爸大大的鞋子

踩到画面上试一试，让爸爸用手"穿上"孩子的鞋子再试一试，这个效果绝对是意想不到的搞笑，你和孩子一定都会捧腹大笑的。

Frank 老师的贴心话

其实，这个游戏中亲子同乐的成分远远多过了对孩子的美术启蒙，但是这往往是我们容易忽略的——我们常常怀着一颗功利的心，忘记了孩子的快乐才是最重要的。

跟孩子玩这个游戏的关键点在于，家长一定要放下架子，把自己当成孩子的同伴，是和孩子一起上幼儿园的小朋友，这样才能跟孩子一起在白纸上留下鞋印和脚丫印。

同时，家长要记得自己是游戏的主导，游戏的进程实际上是由家长掌控的，什么时候游戏要进入下一个阶段，什么事情是可以做的，什么事情是绝对不可以做的，都要由家长掌控，孩子的个性各不相同，家庭的情况也不同，游戏中遵守的规矩也不尽相同。比如，有的孩子可能会想要把鞋印印在地毯上，如果孩子真心想尝试，并且家长也能接受孩子把鞋印印在地毯上，那就随孩子去自由发挥吧。

12月 《轱辘轱辘转》

第三周 彩色泡泡画

坐彩色热气球去旅行吧

★ 所需用具

肥皂水，吸管，食用色素，大画纸。

创作过程

① 跟孩子一起练习吹泡泡。
② 向肥皂水里添加食用色素,调制成彩色泡泡水。
③ 吹出一连串泡泡,然后移动画纸,接住彩色泡泡,认真观察泡泡破碎后在纸上形成的效果。

这个游戏中,接泡泡的任务比吹泡泡困难,对孩子来说还是很有挑战的,所以最好先带着孩子练习一下接球或者接沙袋之类的游戏。

别忘了创制情境可以让孩子更投入,家长可以在画纸上画一个大嘴巴,告诉孩子这是个专门吃泡泡的大嘴巴,如果不接住泡泡,它就会很饿的,很可能会饿死,所以我们要多多地制造泡泡给它吃……

我们还可以跟孩子讲讲热气球:"热气球总喜欢爆炸,所以后来人们越来越少使用它作为在天上的交通工具了,我们今天用彩色的泡泡来画画,很像那些容易爆炸的热气球,幸亏我们的'彩色泡泡热气球'上面没有乘客。"

铺一张大白纸,我们用"彩色泡泡热气球"来画一幅彩色的地图吧。大的泡泡和小的泡泡的效果不太一样,一下子吹很多泡泡与只吹几个泡泡的颜色携带量也不尽相同。

Frank 老师的贴心话

尽量在户外的阳光下进行这个游戏,因为太阳光照在泡泡上,会呈现出五彩缤纷的颜色。因为接泡泡的难度更大,而且跟绘画创作的联系更紧密,所以我们尽量让孩子接泡泡。家长在吹泡泡的时候,最好能不断变换泡泡的大小和数量,这样呈现在孩子的画纸上的图案就会更丰富,游戏也会变得更加有趣。如果有时间和条件,调制几种不同颜色的彩色泡泡水,效果会更好。

这个游戏的效果随机性很强,同时孩子在游戏中要和其他人一起合作,这样的游戏活动对孩子的成长很有建设意义,因为它锻炼了孩子的沟通能力、交往能力和协调解决问题的能力,以及如何清楚地表达自己观点。

第四周 吸管吹画

我们把船帆吹起来就可以去航海了

★ **所需用具**

吸管，颜料，画纸。

创作过程

① 选定调制好的颜料,洒到画纸上。

② 用吸管吹动颜料,观察颜料是如何被空气压力推动的。

③ 摈除头脑中任何预先的假想,让孩子自由发挥。也可以再多用几根吸管,同时吹动颜色,这又会形成怎样的效果呢?

越玩越出色

孩子在练习使用吸管的过程中,会发现可以用吸管吹动爸爸妈妈的头发,或者其他很轻的东西。这样会让孩子对空气或者风这种看不见的东西产生一种直观的印象。如果能够让孩子利用这种原理进行艺术创作的话,会激发出孩子令人意想不到的创意的。

练习过后,孩子要真的尝试在滴过了颜色的画纸上进行吹画了。他们会发现自己的吸管吹到的地方,先是颜色凹陷下去一些,多用一些力的时候,颜色才能慢慢地按照吸管吹动的方向扩展开来。孩子慢慢地观察和实践着,渐渐地就会掌握一些技巧,然后,孩子便会利用学到的技巧,让颜色按照自己的意愿呈现出来,让画面效果更加符合自己的创作意图。

这个过程,能够让孩子学习什么叫做因果关系。还有就是让孩子对视觉效果上不可见的东西有了更深和更新奇角度的体验。

Frank 老师的贴心话

前面的气球挤压画便是利用给空气施加压力来实现的特殊画面效果,那么眼前的这个活动便是将同种方式的绘画手段推向了极致。孩子会利用手中小小的吸管进行一次非常新奇的绘画探索。

当然,很多孩子还会尝试把吸管当做画笔来进行创作,这也是一种很好的尝试,吸管做画笔的过程中会给孩子带来新奇的体验,也有很多挑战,这是用一般画笔时体会不到的。也会有孩子热衷于把吸管里面灌上颜色,然后认真观察颜色是如何慢慢地顺着吸管流淌出来的。这也非常值得鼓励,因为这也是孩子探索和实践的体现。如果这个时候拿给孩子几种粗细长短都不同的吸管,那么孩子便会自己动手来进行非常严肃的灌色试验。

我们需要做的就是不断为孩子提供温和的挑战,让孩子在可承受的范围内不断学习如何解决问题,这为孩子将来能够解决更复杂的问题打下了良好的基础。所以,教育的实质便是,如何给孩子创造出合适的温和挑战。

12月 《轱辘轱辘转》

Q&A

我们知道艺术是让孩子充分表达自己，但是他们乱扔画笔颜料，把家里搞得乱七八糟的，我们该怎么掌握好尺度，既能引导好孩子，又不至于扼杀了他的创造性？

画画和其他的事情一样，我们应该帮助孩子建立起良好的习惯。最开始时帮助孩子养成习惯，以后就是好习惯来养成孩子了。可以用类似这种方式和孩子沟通："画笔和颜料也有自己的家，你要是不把他们送回家，他们也会想念自己的爸爸妈妈的。"这样带入情境的沟通方式往往最有效。

孩子想扔画笔的冲动实际上是一种内在的探索力量使然，所以，我们可以换一种巧妙的可控的方式来疏导孩子，比如有一个美术活动的内容就是往画纸上扔笔，看谁的颜色搭配得好看，看谁扔得准。这样，孩子的内在探索欲望得到了满足，以后就不会总是想着扔画笔了。

延伸阅读

编辑的话 亲爱的读者，感谢您选择了这本书。如果没有您，这凝聚了作者与编辑心血的作品，就太寂寞了。

《培养最受欢迎的孩子——把握好孩子0~6岁的成长关键期》

聚焦0~6岁儿童的家长最困惑、焦虑的70个问题
"成长设计师"王金战帮你的孩子赢在学龄前

王金战老师在书中深度解析了幼儿阶段的教育重点，首度提出了情商和智商深度结合的新概念——"受欢迎"，告诉家长，孩子的性格、习惯是立足之本，得到更多人的认可是成长的动力，让孩子成为一个受欢迎的人，健康地度过快乐、有趣的一生。

作者：王金战　定价：26.00元　ISBN: 978-7-301-16851-6

《0~3岁宝宝需要怎样的父母》

宝宝想的和你不一样 专家教你读懂"婴语"
给初为父母者最急需的帮助

爱笑，也爱哭/爱爬行，爱咿咿呀呀/更爱耍脾气闹情绪
我不是谁的宠物/也不是什么附属品/我是你的宝贝
我想的和你不同/请快快懂我

见证1700多例宝宝成长历程的幼儿心理专家，为你解读宝宝的咿咿呀呀，教你摸清宝宝生理和心理两大需求，轻松度过宝宝0到3岁的早教黄金期！

作者：赵红梅　定价：26.00元　ISBN: 978-7-301-19129-3

《我要做个好家长》

改变孩子一生的创新教育
数十万家长和孩子受益的家庭教育新模式

本书内容在全国各地已经培训和训练过数万家长，反响强烈，是家教领域的优秀读本。郑委老师从德行、幸福、责任等家长耳熟能详却很难回答出所以然的基本概念入手，在改变家长教子观念的基础上，达到教育好孩子的目的。家长如果能够静下心来去记忆、理解、应用、感悟八个基本概念的话，教育孩子就是一件轻松快乐的事情，做有智慧的父母也不再艰难。

作者：郑委　定价：32.00元　ISBN: 978-7-301-18837-8

中国第一套经实践、检验、科学有效的家长教育丛书
颠覆性的创新理念
凝聚家长教育核心理念的开篇之作

《为孩子做出1%的改变》

本书致力于改变家长的教育理念,帮助孩子和家庭找到幸福。作者围绕自己独创的"1-5-8家长教育理论模型",为家长解决了几个至关重要的基础问题:

培养孩子的目的是什么?好孩子的标准什么?

什么样的成长模式才是幸福的?在不同的成长阶段,孩子需要家长的哪些帮助?

解决了这些问题,家长就会成为一名智慧家长,能够轻松应对家庭教育中的各种问题。

作者:郑委　定价:28.00元　ISBN:978-7-301-17038-0

中国第一套经实践、检验、科学有效的家长教育丛书
原则科学高效,方法简单实用
已令数十万家庭和孩子受益

《父母做对了 孩子才优秀》

对家长来说,"教育"比"养育"更重要。父母提供给孩子的不应只是物质的满足,孩子需要的也并非仅是停留在口头上的"你真棒"。

如何正确地教育孩子,让孩子成为优秀的人才?作者提供给中国家长最有效的教子原则,不仅告诉你"怎么做"成功父母,更重要的是了解"这么做"的理由。更新你的教育理念,让你的孩子成为德才兼备、真正幸福的好孩子!

作者:郑委　定价:28.00元　ISBN:978-7-301-16657-4

中国第一套经实践、检验、科学有效的家长教育丛书
家长不学习,孩子必出问题!
孩子学习出了任何问题,家长都可以翻开这本书找答案

《爱学习 会学习 能学习》

学习不主动、上课注意力不集中、写作业磨蹭、贪玩、粗心……孩子学习上的问题,家长是怎么应对的呢?义正词严地提要求、苦口婆心地讲道理、声色俱厉地批评、给孩子报辅导班、买科技学习产品……却都很难奏效。

作者结合多年的教育经验告诉家长,只要家长正确引导,孩子的学习问题都不难解决。

让孩子爱学习、会学习、能学习,方法就在书中。

作者:郑委　定价:28.00元　ISBN:978-7-301- 16861-5

更多好书,尽在掌握

大宗购买、咨询各地图书销售点等事宜,请拨打销售服务热线:010-82894445

媒体合作、电子出版、咨询作者培训等事宜,请拨打市场服务热线:010-82893505

推荐稿件、投稿,请拨打策划服务热线:010-82893507,82894830

欲了解新书信息、第一时间参与图书评论,请登录网站:www.sdgh.com.cn